Editorial PanHouse
www.editorialpanhouse.com

Edición general:
Jonathan Somoza
Gerencia general:
Paola Morales
Gerencia editorial:
Barbara Carballo
Coordinación editorial:
Miranda Cedillo
Edición de contenido:
Marlen Pérez
Corrección editorial:
Carolina Acevedo
Corrección ortotipográfica:
María Antonieta Flores
Fotografías:
Meg Diallo Pukel
Edición en Inglés:
Skinny Brown Dog Media
Atlanta, GA
www.SkinnyBrownDogMedia.com
Translation, Editing and Design by Eric G. Reid
Diseño, portada y diagramación:
Audra Ramones

ISBN: 978-980-437-081-6
Depósito legal: DC2022000007

WOMIN CAN DO EVERYTHING!

ERES LA ESTRATEGA DE TU VIDA

PATRICIA SZRIFTGISER

PanHouse

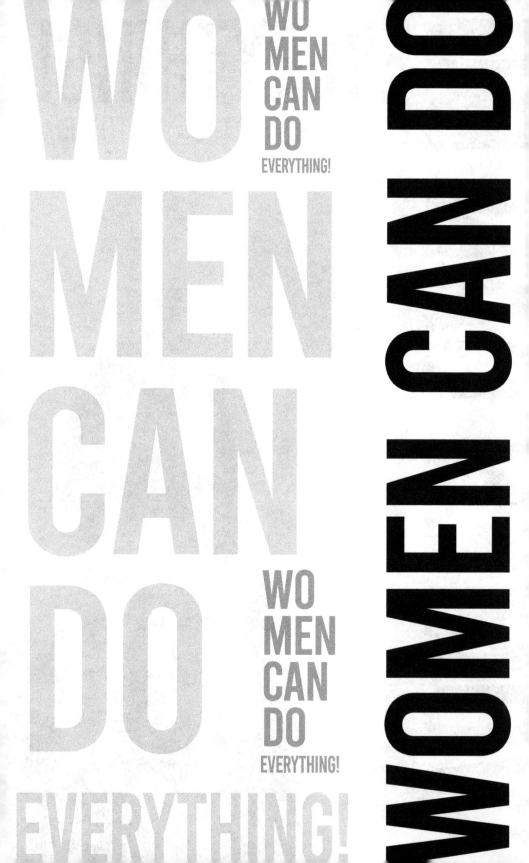

EVERYTHING!

WOMEN CAN DO
EVERYTHING!

ÍNDICE

A mis padres, Santiago y Susana Szriftgiser,
su legado es mi ejemplo de vida, es mi norte,
mi compás, es fortaleza, inteligencia, ética,
adaptabilidad, integridad y profundo respeto
y amor al ser humano y a la vida.

AGRADECIMIENTOS

Agradezco a mis padres, a mi familia, a mi hermano Gabriel, «mascarón de proa» de la vida.

A Barry, mi marido, un hombre incondicional en todo.

A mis admiradas y adoradas amigas de la vida: Adriana, Claudia y Mónica.

A mis nuevos y reencontrados buenos amigos.

A mis pacientes, a mis ancestros, a mi yo del pasado.

A todas las mujeres que me inspiran día a día, estoy eternamente agradecida por todas ustedes.

SOBRE LA AUTORA

Con más de cuarenta años de trayectoria profesional en el campo de la salud mental, Patricia posee una carrera destacada y prolífica. Es licenciada en Psicología, egresada de la Universidad John F. Kennedy de Buenos Aires, Argentina. Posee estudios de postgrado en Psicoanálisis.

En Estados Unidos obtuvo su licenciatura en Counseling (L.H.M.C.), en el Estado de Nueva York.

Además, posee su título de *life coach*, es psicoterapeuta multilingüe, se especializa en terapia individual, de adolescentes y de parejas, entrenada en el manejo de crisis a nivel internacional, psicología del deporte y en trastornos de estrés postraumático (PTSD).

Además, Patricia posee credenciales BC-TMH (Board Certified Tele Mental Health), lo que le permite ofrecer sesiones de terapia o *life coaching* a través de medios tecnológicos a nivel internacional.

Patricia dirigió el Ground Zero en salud mental durante la emergencia del atentado terrorista a la comunidad judía en Buenos Aires, Argentina, (AMIA- 1994), y ha tenido destacada participación profesional en la asistencia psicológica, en trabajo de trauma, en el atentado a la Embajada de Israel en 1992.

A su vez, en el 2001, en el ataque terrorista a las Torres Gemelas en New York, Patricia cumplió un rol importante asistiendo a nivel psicológico a víctimas sobrevivientes y a familiares de víctimas, actividad que continúa hasta la fecha.

Patricia es experta en PTSD asistiendo a veteranos de guerra, sobrevivientes de ataques terroristas, sobrevivientes de abuso sexual, mujeres sobrevivientes de tráfico humano y de violencia intrafamiliar.

Su extensa trayectoria profesional ha sido presentada en varios medios de comunicación: fue entrevistada en *60 minutes*, CNN, NBC, y ha publicado varios artículos en el *Wall Street Journal* y *New York Times*. Además de haber sido invitada como presentadora a varios *Instagram Life* y programas radiales a nivel internacional.

Filantropía:

Filantropía y servicio son pilares en la vida de Patricia. Es fundadora y presidenta de My Power Foundation una ONG (501-C3), activa desde hace once años con muchos proyectos ejemplares de asistencia mundial.

También es *board member* del comité de Jewish Family Service and Children's Center of Greater Clifton-Passaic, en New Jersey USA.

Salud, fitness y atletismo

Patricia es una atleta de alto rendimiento competitivo a nivel internacional, ha participado y ganado premios en importantes carreras en el circuito de medio Ironman 70.3 y de full Ironman 140.6 millas internacional, que consiste en natación, ciclismo y pedestrismo.

Patricia calificó y ganó su participación en Mar del Plata, Argentina 2019, para el Ironman World Championship en Kona-Hawaii que se llevará a cabo en 2022, debido a las cancelaciones por el COVID.

Completó veinte maratones en New York City, y cincuenta y cinco maratones a nivel internacional hasta la fecha, ie irá por más!

Patricia es paracaidista profesional, buzo certificada, navegante de yate (American Sailing Association), *instructora de* spinning, practica montañismo y ha hecho cumbre en el volcán Lanin, en la Patagonia Argentina.

Patricia posee sólidos conocimientos en nutrición y suplementos, que, acompañado con su experiencia en psicología del deporte, son una perfecta combinación para asistir a individuos en lograr sus metas personales a todo nivel, deportivo y personal.

PRÓLOGO

Un libro es reflejo del autor, es una genuina pieza para entender los valores, principios, moral, conocimientos y propósitos en el que ha invertido muchas horas, más que en escribir, en comunicar y transmitir mucho para muchos.

Es por esto que es un honor y también un placer escribir sobre Patricia Szriftgiser. Ella ha volcado en estas páginas su sabiduría y experiencia, lo que la hace parte de las mentes privilegiadas en su terreno. Patricia es un ejemplo de mujer, de profesional y de dedicación al ser humano.

Agregado a su alto nivel, calidad y vastos conocimientos, cuenta con una trayectoria internacional que abarca veinte años de arduo trabajo en Argentina, con intervenciones en situaciones únicas, luego aquí en USA y en muchos otros países por varios años y vía Telehealth.

Patricia, muchas veces deja la impresión de que no ha perdido un segundo en su planificada y fructífera vida personal y profesional, siempre está actualizándose en lo que más importa y es efectivo para sus pacientes en la práctica clínica o en el *life coaching*, sin embargo, esa es sola una impresión, pues, la destaca una gran habilidad y creatividad para encontrar y crear soluciones que beneficien al que eligió ser guiado por ella.

Debo agregar que es una inquebrantable agente de cambios y planeamiento estratégico, nunca deja un detalle sin cubrir, trabaja codo a codo con sus pacientes y clientes y se asegura de que el proceso sea agradable a la vez profundo e intenso, para lograr exitosamente el plan diseñado.

Para mí es fácil hablar de Patricia, pues, la conozco desde hace más de veinte años, y siempre estuvo presente en mi vida como alguien a quien respeto profundamente por un sinfín de características, así también lo sentía mi adorada Rivka, quien decidió ser su mentora. Poca gente tuvo la suerte de ser elegida por Rivka y al momento de llegar a USA, Patricia confió y contribuyo con una gran amistad.

Las dudas no existen cuando se ve el resultado o se juzga el producto final tanto de un proyecto, de su trabajo con pacientes, o en cualquier cosa que Patricia acepta; todo se convierte en algo de alto calibre, donde se respira pasión y conocimiento. Su seriedad profesional siempre promueve y asegura un producto final de alta calidad humana.

Esta obra es buena porque el resultado es útil y beneficioso porque también promueve el crecimiento físico, intelectual y emocional.

Algo sumamente importante que se presenta en esta obra es la exposición de casos de la vida real con los cuales muchos lectores se sentirán reflejados o identificados y podrán obtener otra perspectiva para tomar acción y no solo para sentirse bien, sino que podrán solucionar y transformar.

Otra de las virtudes que obtendrá quien transite estas páginas es la claridad que recibirá para conectarse consigo mismo y con los demás, y la capacidad de darle otra dimensión a su vida.

Estoy seguro del gran aporte que otorga este libro, pues, más allá de encarar un aspecto de la femineidad, es un libro digno de todo lo que Patricia encara, excelente, dinámico, profundo, y especialmente un gran aporte para las mujeres que deseen transformar sus vidas y llevarlas a su máximo potencial.

Patricia demuestra que el éxito no es exclusivo de gente particular, porque, todos lo merecen y pueden lograrlo.

Dr. Michael Meir
Psicoterapeuta
TEDX Speaker
Consultor - entrenador y educador
(Coaching en Desarrollo Humano)

COMENTARIOS

«Patricia posee tantos conocimientos en relaciones humanas y en psicología, que al atenderte te muestra caminos alternativos y delinea junto con uno las posibilidades para resolver situaciones críticas. Es increíble la transformación que uno puede generar en la propia vida si sabe escucharla y uno hace su parte».

Marisa Lisa
New York -USA

«La profesionalidad y excelencia de Patricia Szriftgiser como psicóloga y *life coach*, ha elevado y llevado mi vida a un nivel superior, más de lo que hubiera podido imaginar. Es absolutamente un placer ser su paciente por tantos años, y seguiré con ella por siempre».

Silvina Pianzolas
New Jersey - USA

«Si alguien tiene una mirada especial para cada problema que se le presenta, es Patricia, siempre tiene un ángulo creativo y totalmente diferente e innovador para hacerte pensar y reflexionar, resolver y producir cambios positivos en la vida. Es altamente eficaz en sus intervenciones y propone soluciones».

Daniel Díaz
Buenos Aires- Argentina

«Al contratar a Patricia Szriftgiser no sabía que la nuestra iba a ser una relación tan fructífera y larga, son años en los cuales he trabajado con Patricia, en cada etapa de mi vida en que necesité un toque de terapia y mucha sabiduría, eso mismo fue lo que recibí. Sin duda alguna me cambió la vida, muchas veces iba a decidir por algo y después de nuestra sesión reflexioné y lo modifiqué. Puedo decir que estoy agradecida por todo, pues, me cambió la vida».

Liliana Groisman
Tel Aviv- Israel

«Doc. Patricia (así la llamo yo), mi gurú, te escucha muy atentamente y valida respetuosamente lo que sentís, de pronto te da un *feedback* tan atinado y tan profundo que no te queda otra que pasar a la acción y elevarte. La fuerza que te transmite es inconmensurable y te da ganas de experimentar tu mejor vida».

Paulina Ramrez
Naples-Florida USA

Todos los caminos son válidos, pero debes tener siempre presente que un camino es solamente un camino, y si crees que no debes seguirlo, no has de permanecer en él bajo ningún pretexto. Tu decisión de mantenerte en él o de abandonarlo debe estar libre de miedo y de ambición. Y para tener esa claridad mental has de llevar una vida disciplinada. Solo entonces sabrás que cualquier camino es solamente un camino, y no te equivocarás al dejarlo si eso es lo que te dice tu corazón.

Observa cada camino detallada y deliberadamente. Hazlo tantas veces como sea necesario. Entonces te debes formular una pregunta. Es una pregunta que solamente se plantea la gente mayor. Mi maestro me la enseñó cuando yo era muy joven y mi sangre era demasiado vigorosa para que la pudiera entender. Ahora la entiendo. La pregunta es: ¿Ese camino tiene corazón?

Si lo tiene, el camino es bueno; si no, es inútil.

Los caminos no llevan a ninguna parte, pero unos tienen corazón y los otros no. Unos otorgan un viaje placentero, y te haces uno con ellos. Los otros te confunden y te arruinan la vida. Unos te hacen fuerte, los otros te debilitan.

El problema es que nadie se plantea esta pregunta, y cuando finalmente el hombre se da cuenta de que ha seguido un camino sin corazón, el propio camino está a punto de devorarlo. En este punto muy pocos son capaces de parar a deliberar y abandonarlo.

Para mí, lo único que vale la pena es recorrer caminos con corazón. Por ellos viajo, y el único reto es atravesarlos en toda su longitud.

Por ellos viajo y viajo observando, sin aliento...

Tu existencia será fabricada con todos los hilos del telar, como las vidas de todos los hombres. Que no te faltará, ni te sobrará, una sola oportunidad para hacer de tu vida lo que quieras que sea. Y se si serás una cosa, y no la otra, será porque, a pesar de todo, tendrás que elegir...

Que la fuerza te acompañe.

Las enseñanzas de Don Juan
Carlos Castañeda

PREFACIO

Este libro nació en mi mente, en mi pensamiento y en mi corazón. Han sido, hasta ahora, cuarenta años de profesión: veinte años en Argentina, veinte años en Estados Unidos. Muy interesante y fascinante desde mi práctica profesional, el atender diversidad de culturas a través de sus poderosas y siempre bellas mujeres.

Desde mi experiencia y conocimientos, quiero llegar al corazón y al alma de las mujeres que, a partir de cierta edad, atraviesan situaciones particulares también a las hijas, a las sobrinas, las hermanas, las amigas y a todas aquellas mujeres que se sientan abatidas, confundidas o necesitan una guía en este paseo que llamamos vida. Aquí encontrarán testimonios tomados de mis propias consultas, que describen diversas problemáticas que he tratado a lo largo de estos años de práctica clínica, así como también las opciones de mejorar a través de ejemplos de la vida real. Este libro está escrito con sinceridad y amor, con el fin de ayudarles a encontrar de nuevo su camino. A este proceso decidí llamarlo la "partida sin horizonte", porque muchas veces, inevitablemente, nos encontraremos ante esa partida, ante ese nuevo comienzo, en el cual deberemos afrontar nuevas realidades. Lo que no tenemos tan claro, muchas veces, es hacia dónde ir o cómo comenzar. Aquí les ofrezco una guía eficiente para ello.

Este texto va dirigido a todas las mujeres que llegan a cierta edad y dejan, quizás, de tener cierto esplendor, porque como leí en algún momento y por alguna parte: "una mujer es princesa a los quince años, bella a los veinticinco, pasional a los treinta y cinco, inolvidable a los cuarenta y cinco, dama a los sesenta años, especial a los setenta y hermosa toda la vida". Lo que quiero decir con esto es que, ciertamente, cada etapa tiene su encanto. En esencia, la mujer siempre es bella, independientemente de las circunstancias o la realidad, existe y existirá una belleza más allá incluso de su apariencia física.

Quiero comentarte que, en la actualidad, tengo sesenta y dos años, desde mi propia experiencia como psicóloga y como atleta competitiva de alto rendimiento, tengo mucho para ofrecerle a esa mujer de cincuenta y cinco que no sabe qué le va a pasar a los sesenta, a la de veinticinco que tampoco sabe qué se afrontará en los cuarenta, porque, bueno, aunque nos cueste aceptarlo, es todo un tema esto de las edades.

En este libro encontrarás un camino, que se inicia, obviamente, desde un punto de partida donde, quizás, no está claro el horizonte, donde comenzaremos por reconocer nuestros sentimientos, validando cada uno de ellos.

Tocaremos el tema del duelo como una realidad ligada a muchas circunstancias, para reconocer que esta palabra no siempre guarda relación con la muerte física de un ser querido. Te contaré historias de pacientes que han transitado por estos caminos, para que descubras que no hay realidades únicas. A pesar de las circunstancias, siempre hay una ruta, una salida, que te ayudaré a transitar.

Para ir caminando por este sendero; inicialmente, tenemos que aceptar que estamos en él, pasando por la aceptación, reconociendo nuestra propia identidad, con las fortalezas y debilidades con que cada una puede contar para afrontarlo, reencontrando ese camino perdido.

Luego de reconocernos, pasaremos también por la etapa de valorarnos, por esa sensación de querernos de vuelta, recobraremos aquello que somos capaces de hacer, nos reconstruiremos, recordando que amamos lo que somos, porque sencillamente somos muy valiosas.

Planificaremos juntas esta nueva aventura. Trazaremos un nuevo rumbo a seguir. No estarás sola. A partir de este momento tendrás una compañera de viaje que te proveerá de las herramientas necesarias para que tu transitar sea agradable y sólido. ¡Juntas encontraremos ese nuevo horizonte!

Conociendo con qué contamos para emprender este viaje, podremos trazar un nuevo mapa, reorientarnos emocionalmente, volver a encontrar el camino, ya sea laboral, emocional, espiritual, entre otros.

Pongo en tus manos, toda mi experiencia como profesional y como mujer. Te ofrezco mis conocimientos, mi corazón y todas estas hermosas intenciones para ayudarte a responder cada uno de los interrogantes que puedan estar agobiándote ante nuevas realidades.

Este es mi legado, mi regalo a todas las mujeres, con mucho mucho amor.

CAPÍTULO 1
MOMENTO DE LA PARTIDA, SIN HORIZONTE

Cuando ya no podemos cambiar una situación, tenemos el desafío de cambiarnos a nosotros mismos.

Viktor Frankl

RECONOCER

Llega un momento en nuestras vidas como mujeres, en el que podemos mirar hacia atrás y ver el camino andado. He acompañado muchas veces este proceso reflexivo y he encontrado una gran variedad de historias, entre las cuales, te puedo narrar por ejemplo, la de María...

Ella, es esa mujer que fue madre, que sí, quizás tenía sueños, ganas de hacer muchas cosas, pero ante el rol de esposa y madre prefirió dejarlos de lado y entregarse por completo a esta hermosa labor; pero ahora, ya con los hijos crecidos, no puede ocupar ese rol materno que todo lo controla, planifica y decide, ya no puede dar órdenes, sus hijos tienen su vida propia y sus familias. Ante esta situación surgieron las preguntas: ¿ahora qué?, ¿hacia dónde me dirijo?, ¿qué hago ahora con esta vida?, ¿en qué ocuparé mi tiempo?

Te contaré también de Ana, esa mujer que biológicamente no fue madre, pero si tía, hermana, amiga. Logró alcanzar una vida profesional, una carrera exitosa, nunca se casó, pero se dio cuenta de que ya, físicamente, no tiene la ventaja de los veinte años porque se dejó llevar por la rutina. Nunca se ocupó de esos detalles. Se mira en el espejo y nota que no se ve de la misma manera, también se cuestiona: ¿ahora qué?, ¿hacia dónde comienzo a caminar?

Quizás la historia de Francis te parezca conocida. Ella se casó pensando que sería para toda la vida, como muchas lo hacemos, pero en el camino se encontró que no fue así. Pasaron los años y llegó el momento en el que reconoció que el matrimonio no es quizás la misma historia para todas. La suya, lamentablemente, le brindó la experiencia de la infidelidad y decidió emprender un nuevo rumbo. Tuvo la valentía de tomar ciertas decisiones, ha pasado por todo un carrusel de experiencias y emociones, pero ahora ante esta nueva realidad también le invaden las dudas y despertó un día haciéndose preguntas similares: ¿para dónde voy? ¿Y ahora qué?

Te presento también a Clara, mujer que ha tenido sus hijos y un matrimonio relativamente pleno, como todos con sus altos y bajos; aun así, en un momento de su vida, se dio cuenta de que su orientación sexual debía ser notificada y analizada por ella, ya que sentía una inmensa atracción hacia las mujeres y fue así como se le comunicó a su marido, a su familia y a sus cuatro hijos, dos mujeres y dos varones, que el divorcio era un hecho real. Tuvo el coraje que una mujer sabe tener y, actualmente es pareja de Lexie, con quien se siente realizada y feliz.

Una mujer que debe ser reconocida es aquella con padecimientos físicos que no buscó, que le llegaron a su vida, ya sea por genética o por algún tipo de enfermedad que se convierte en crónica, y sufre...esta mujer fuerte y luchadora es Julia. Tiene su familia, sus hijos, marido, profesión, pero, además, debe lidiar con el dolor físico y con el consecuente sufrimiento psicológico. Ella debe constantemente recalcular y aceptar radicalmente su realidad para poder salir adelante y no sentirse abatida.

Encontramos también a esta otra mujer, fuerte y sufrida que fue abusada emocional, psicológica, sexual y físicamente, que se llama Mirta. Con hijos y una pareja que, inicialmente, no mostró ningún signo de lo que posteriormente iba a hacerle. De este tipo de casos, he tenido a lo largo de mi carrera profesional muchos y requieren de gran respeto y de validación a la mujer, con un gran trabajo para lograr devolverle su poder y fuerza, esos que le han sido quitado momentáneamente, hasta que un día se da cuenta de que la vida tiene mejores personas que la pueden amar y respetar, y que se merece una oportunidad de vivir feliz, sin sufrir, sin abusos. Es así que esta hermosa y fuerte mujer sale de esta recalcitrante situación. Me ocupo, específicamente, de recalcarle de forma constante que ella es una sobreviviente y NO una víctima. Es esta la manera de ayudarla de verdad. Su identidad es de valor y fuerza.

Te comento de Carmen, ella se casó, tuvo hijos, se entregó a su familia, pero bajo las realidades actuales de pandemia, enfermedades y circunstancias, perdió a su esposo, quien falleció dejándole un gran vacío. Ya no está quien acompañaba sus rutinas diarias, a quien atendía constantemente, a quien le cuidaba la ropa, la comida; con el que se sentaba a cenar y a contar las experiencias del día a día. Se encuentra entonces con esa situación de duelo, ese vacío y ese nuevo camino llamado vida, y no sabe qué rumbo tomar.

Para finalizar, te hablaré de Rosa. Fue madre, educó y pasó por un proceso de crianza, con todo lo que eso implica, soñando siempre un destino favorable para su hijo porque, bueno, qué madre no desea eso, pero desafortunadamente, le tocó pasar por la dura experiencia de perderlo, el destino se lo arrebató.

Acompañar estos procesos como especialista, me permite afirmar que es quizás uno de los más complejos. Presentarle a esta madre, un nuevo camino, un nuevo horizonte, no es tarea fácil, pero sin duda alguna, también tiene una vida qué seguir, un hacia dónde caminar.

Son muchas las experiencias personales que podemos presentar, quizás no te veas reflejada en alguna de estas mujeres, estoy segura de que, ciertamente, en algún momento de tu vida, después de cierta edad, vas a mirar hacia tu pasado y te darás cuenta de que has transitado un largo camino, que has acumulado una gran cantidad de experiencias, bien sean profesionales, personales, familiares, y que no te hacen la misma mujer que hace veinte años, aunque también te hacen mirar hacia adelante, hacia el horizonte y ver que hay un camino, pero ¿cuál? Ahora, ¿hacia dónde voy?

Todas estas mujeres que te presenté y las que hoy en día están llenas de interrogantes, que pueden tener cualquier nombre, porque pueden ser cualquiera de nosotras, todas me han demostrado que transitan, constantemente, por un sinfín de emociones donde lo más importante es reconocerlas. Validar nuestros sentimientos es uno de los primeros pasos importantes a dar. Brindar acompañamiento me ha permitido ver que muchas mujeres se encuentran atrapadas en la rabia, la ira, frustración, la impotencia; también las arropa la tristeza y muchas veces la incertidumbre, el miedo como parte de lo desconocido. En nuestra sesión, les pregunto: ¿a qué emoción o sentimiento te lleva esto que estás viviendo? Muchas veces, por las emociones que están experimentando, no logran reconocer realmente el sentimiento. Por esa razón, las invito a sentarse y reflexionar para ubicar y validar qué están sintiendo. Esto, sin duda, ayuda a dar ese primer paso, percibir e identificar a qué emociones se están confrontando. Es fundamental ser honesta consigo misma, con la conciencia de que en cualquier momento podemos llorar, caer, deprimirnos sentirnos tristes y querer estar solas.

Sin embargo, reconocer las emociones es solo el primer paso hacia el horizonte. Quizás no tengan certeza de a dónde las llevará ese transitar, pero lo importante es comenzar a caminar, porque también hay algo que me ha llevado a reflexionar estos cuarenta años de experiencia profesional, y es que la mujer tiene la capacidad de reconocer sus emociones y puede llegar a tomar las decisiones adecuadas. Como todo, siempre es más fácil cuando se apoyan en el especialista, claro. Pero la mujer ante todo es fuerte, valiente, arriesgada, capaz; la mayoría de la veces puede recalcular, repensar y replantearse una nueva posibilidad labrándose un nuevo destino.

Ante cada una de estas realidades, deseo brindarte opciones para encontrar ese nuevo camino, ofrecerte esa orientación necesaria para salir adelante, ser esa persona que no tiene ningún tipo de influencias, porque no soy la mejor amiga, la hermana, la tía, la madre, soy esa persona que te acompañará a caminar hacia ese nuevo horizonte con una visión de 360°, que te brindará todo el panorama, haciéndote ver los múltiples caminos que puedes transitar, porque sí, para cada una de esas preguntas que te presenté, hay una respuesta, siempre hay una salida y la vas a encontrar, ¡te lo aseguro!

Muchas de las experiencias que anteriormente te mostré, representan un duelo, un sentimiento de pérdida, pero, realmente, es necesario preguntarnos...

¿QUÉ ES EL DUELO?

El duelo no es un sentimiento que, necesariamente, tenemos que asociar a una muerte; sin embargo, para profundizar este tema, podemos tomar los aportes de Sigmund Freud (1856-1939), médico neurólogo, creador de la teoría del psicoanálisis, escribió un sinfín de artículos, ensayos y libros, uno de ellos titulado *Duelo y melancolía*[1], para 1915, logra definir el duelo como: "Una reacción ante la pérdida de una persona querida, de una abstracción equivalente como la patria, la libertad, un ideal, entre otros". Es interesante que este autor no solo hace referencia al duelo como consecuencia de haber perdido algo tangible, sino que lo relaciona también con la pérdida de ideales o ideas que uno presupone, es decir, podemos vivenciar la situación de due-

---

1 Freud, Sigmund. *Duelo y melancolía,* (Buenos Aires: En Obras Completas, 1917).

lo, sin que eso sea asociado específicamente a la muerte o pérdida de alguien.

Obviamente, pasar por esta situación, desencadenará una serie de respuestas o situaciones vinculadas a procesos emocionales y de comportamiento. Por ello, estar en duelo parte de localizar en sí mismo la falta o ausencia de algo, aceptar la pérdida inicialmente y no negarla. Cada persona puede pasar por estos procesos de forma particular, con tiempos e intensidad proporcionales a la magnitud de la pérdida o al significado que la persona dé a esa pérdida.

Como lo planteamos anteriormente, el duelo puede empezar antes de la propia pérdida. Por ejemplo, hay muchas relaciones en las cuales el duelo aparece antes de la ruptura de la relación, en tanto esta se anticipa, incluso inconscientemente, o también cuando una persona sufre una enfermedad terminal. Hay un proceso de despedida en el que la muerte se empieza a abordar antes de que esta suceda, con lo cual se inicia el duelo antes de la propia muerte.

Sin embargo, para superar el duelo será necesario experimentar la realidad de la falta, sentir el dolor con todas las emociones que conlleve y adaptarse al ambiente con la ausencia que ha devenido. Freud diría que una vez retirada la libido del objeto perdido, esta se podrá dirigir hacia nuevos objetos. El duelo no es una enfermedad, sino un proceso normal del aparato psíquico. Supone aceptar de una forma u otra la pérdida y renunciar a toda esperanza de recuperación. No obstante, también como seres humanos, se comenzará progresivamente con una declinación del duelo y una apertura progresiva hacia nuevos objetos. Ver e iniciar un nuevo horizonte, este proceso, como lo indica la palabra, supone atravesar diversas etapas que muchas veces son más fáciles de afrontar con la ayuda y el acompañamiento de un especialista.

Freud, en la obra antes mencionada, nos dice que la vida misma, dada su dinámica, consiste en un conjunto de pérdidas. Para él, la palabra "pérdida" es sinónimo de castración. Por consiguiente, este camino va de la vida hacia su desarrollo y, finalmente, hacia la muerte. El aparato mental estará, por lo general, preparado para algunas etapas más que para otras, obviamente.

En consecuencia, Freud expresa que en el vínculo con un objeto este ha sido investido, es decir, ha sido cargado libidinalmente por el sujeto. En otras palabras, el interés de vivir ha sido puesto en el objeto, sobre el cual se proyecta total o casi totalmente el narcisismo propio, al punto tal que el sujeto ha quedado vacío de libido, y es el objeto el que la absorbe casi toda. Por consiguiente, cuando este objeto se pierde, es decir, se pierde el amor, el trabajo, la patria, entre otros objetos que son significativos para el sujeto, él pierde su libido y llora su pérdida. Es por esta razón que Freud identifica en el duelo la presencia de grandes desviaciones respecto de la conducta normal: tristeza, dolor, desinterés por el mundo externo —solo le interesa aquello del mundo externo que se refiere al objeto—; también señala dos inhibiciones:

- La inhibición de la capacidad de trabajar (crear, producir).
- La inhibición de la capacidad de amar. Entonces, duelo no solo es tristeza y dolor, sino también supone inhibiciones del yo.

El duelo ocupa la vida del sujeto. No hay interés por otras cosas. El doliente puede transcurrir el día pensando y, a veces, hablando del objeto perdido. Aquí es donde Freud dice que el trabajo de duelo pone en juego la relación del sujeto con la realidad.

Por ello, es necesario encontrar el camino correcto, identificar la realidad y plantearse la replanificación. La ausencia, el vacío o la pérdida, deben llevar en algún momento a la aceptación y búsqueda de nuevos objetivos.

HISTORIAS QUE NOS AYUDARÁN A VER REALIDADES

Tengo el gran privilegio de guiar mujeres que han sido y son mis pacientes por muchos años, por lo que quisiera compartir la historia de Liliana. Mujer de 58 años. Su vida fue bien difícil, ya que su padre era alcohólico y abusivo, y la madre sumisa y pasiva, con miedo. En el hogar había violencia doméstica todos los días. Liliana tenía dos hermanas y tres hermanos. Eran seis hijos en total. Ella era la del medio de las mujeres, una realidad que la llevó a vivir desde temprana edad situaciones muy complejas, situaciones que la llevaron durante su adolescencia a pasar por varios intentos de suicidio, incluso tuvo problemas de droga. Con una realidad bastante complicada, no obstante y a pesar de las circunstancias, salió adelante, alcanzó grandes logros. Se casó y tuvo una hija, pero con un hombre difícil, obviamente, fue la realidad que conoció durante toda su vida y que, lamentablemente, proyectó en su futuro. Su marido sucumbió a las drogas y tuvo problemas de dinero, entre otros. Tal situación la llevó a decidirse, inevitablemente, por el divorcio en función de proteger a su pequeña hija.

Después de esto, consiguió un empleo, se enamoró y se casó de nuevo. Ya en este proceso, luego de unos años, su exesposo y padre de su hija, debido al estilo de vida que llevaba, se suicidó, quedando ella con una niña de seis años y con el compromiso de apoyarle psicológicamente ante esta difícil situación emocional. Pero siguió adelante, decidió prepararse académicamente a través de cursos para superarse, consiguió un mejor empleo, estable y fructífero. Muestra de su poder ha sido saber emerger constantemente ante las situaciones que le ha tocado vivir.

Hace un tiempo, en consulta, manifestó que deseaba divorciarse de su segundo marido. Ya no había amor en la relación. Con temores y miedos ante esta nueva realidad, juntas empezamos a planificar. Pusimos sobre la mesa sus talentos, valores, posibilidades y lo que podría hacer. Identificamos sus metas y objetivos, buscando ser modelo para su hija que ahora tiene veintidós años, mostrándole que puede ser feliz y salir adelante ante las adversidades. Como dijo Freud, en algún momento la vida está relacionada inevitablemente con esas situaciones de pérdidas. Logró entonces vender su casa, alquiló un apartamento por un año. Es importante destacar que a pesar de las circunstancias que vivió, a sus 58 años tomó decisiones y comenzó nuevamente. Acaba de comprarse la casa de sus sueños en la ciudad donde siempre anheló vivir. Se siente completa y feliz por haber sido tan fuerte. Su nuevo camino esta diseñado por ella misma.

Encontramos, entonces, ante circunstancias como la anterior, miedo, temor producto de la incertidumbre, pero también otros sentimientos contrarios a estos como lo son alegría por el logro alcanzado, emoción ante esta nueva realidad, expectativas e ilusión en función de este nuevo horizonte.

Como lo planteé anteriormente, la mujer tiene esa capacidad de identificar sus sentimientos y posee la fortaleza de reconocerlos, es apta para investigar en sí misma, lo que la lleva a tomar decisiones y a concretarlas para ser feliz y leal consigo, lo que junto con la guía de un especialista siempre será mejor en pro de apoyarla y guiarla en este nuevo andar.

Sé que ante todas estas nuevas realidades, muchas veces puede embargarte la duda, preguntarte constantemente: ¿seré capaz?, ¿cómo se hace?, ¿cómo lo diseño?, ¿cómo podré encontrar un nuevo rumbo?

Solo puedo decirte que todo aquello que desees, puedes lograrlo. Más adelante, te ofreceré las herramientas necesarias para que sigas adelante, positiva, fuerte y decidida a alcanzar nuevas metas. ¡Continuemos!

CAPÍTULO 2

ACEPTACIÓN

*Lo que niegas
te somete,
lo que aceptas
te transforma.*

Carl Gustav Jung

¿QUÉ ES LA ACEPTACIÓN?

Antes que nada, te invito a reflexionar. ¿Qué entiendes por aceptar? ¿Cómo desarrollas el proceso de aceptación en tu vida? Centremos nuestra atención en entender este concepto. Esta palabra, que tiene su origen en el latín *acceptatio* y significa "acción y efecto de aprobar, recibir", es decir, dar por bueno o recibir algo de forma voluntaria y sin oposición, la podemos completar con los aportes de Franco[2], en su artículo "La Aceptación: Orientando nuestro bienestar emocional". En él indica que es la capacidad para asumir la vida, **tal como es,** significa "aceptar la realidad, con situaciones agradables o desagradables, sin intentar cambiar o combatir aquello que no podemos controlar". Es un proceso de tolerancia y de adaptación mas no de lucha. Desde la aceptación podemos superar con éxito situaciones vitales complicadas y avanzar en nuestro crecimiento personal.

Embarcarse en el proceso de aceptación es tomar el control de las emociones pasadas y presentes. Las aguas no serán para nada tranquilas; por el contrario, será necesario tomar el timón con mucha firmeza y asumir una disposición positiva con alegría, fe y esperanza, lo que nos permitirá establecer un rumbo claro y seguro.

---

2 Natalia, Franco. "La Aceptación: Orientando nuestro bienestar emocional" https://www.areahumana.es/aceptacion-aceptar-la-realidad/#Autora. 31 de agosto de 2021.

Partiendo de la premisa anterior, es importante destacar que la aceptación es un proceso necesario y, como tal, se realiza por etapas o fases. Cada una amerita ser reconocida y profundizada con plena consciencia para poder experimentar y sentir esa sensación de empoderamiento y seguridad en las decisiones que tomemos.

Cuarenta años de vasta experiencia en el campo psicoanalítico y en el manejo de otras corrientes y técnicas psicológicas, me permiten presentarte de manera concreta y sencilla, las tres etapas que conforman el proceso de aceptación que te invito a experimentar.

PRIMERA ETAPA: INICIO

La podemos identificar cuando nos damos cuenta de que algo no está del todo bien; con insistencia, se nos presenta una idea de necesidad de cambio. Debemos prestarnos atención como prioridad. Puede ser que nos sintamos estancadas, confundidas, tristes, con dudas e incertidumbres; aparecen una serie de indicadores complejos, no necesariamente negativos, que indican que es necesario evaluar y reconsiderar la situación. Es en este momento de autoevaluación, de mirada introspectiva, cuando debemos preguntarnos: ¿cómo me siento?

Este es el primer paso, reconocer las emociones y la necesidad impostergable de un cambio. Es el momento para la toma de decisiones.

SEGUNDA ETAPA: DESARROLLO

Esta es la etapa del trabajo en sí. Debe desarrollarse concienzudamente, requiere dedicación y sabiduría porque es un llamado muy claro a la interioridad de cada mujer; implica no postergarse, a pesar de la intención de hacerlo, por todo lo que puede resultar, por miedo, incertidumbre o sentimientos de dudas que te pueden embargar. No obstante, es necesario sentir confianza en que el final será maravilloso. En este punto es el momento de realizarte ciertos cuestionamientos. ¿Cómo me siento ante esta situación?, ¿cuánto me está afectando?, ¿por qué me hace sentir afectada?, ¿qué me pasa en mi zona de confort?, ¿qué debo aprender de lo que estoy viviendo?, ¿qué puedo y qué no puedo controlar de esta situación?

Se trata de poner todos tus sentidos en el presente, en el aquí y el ahora, ser consciente de la realidad para lograr aceptarla, tener claras tus debilidades y fortalezas, ya que serán las mejores herramientas para encarar la situación, porque lo que está pasando es lo que tenías que experimentar y es lo que tenías que vivir. Sin cuestionar el pasado, pero con la propuesta de mejorar el presente. Obviamente, la aceptación como tal, no es tarea fácil, es más posible hacerlo una vez tomada la decisión de avanzar.

Permite verte con amor, afecto y valoración, sin rencores, reproches ni emociones negativas; si las detectas es necesario salir de ese espacio emocional y volver a ponerte en positivo. Estás tomando control de tu destino. Luego de tener claridad de lo que estás viviendo, de haber evaluado la situación, de estar consciente y lograr aceptar la realidad, viene un paso muy importante, es el que te permitirá avanzar, evolucionar y tomar ciertos riesgos si es necesario, como salir de tu zona de confort, la cual te puso donde estás.

TERCERA ETAPA: CIERRE

Esta es la base de un nuevo ciclo. Es un cierre para empezar un nuevo inicio, es el cimiento que te permitirá planificar un sólido proyecto para el futuro. Sin cumplir el proceso de aceptación adecuado se estaría construyendo una casa sin cimiento sólido, podemos utilizar la analogía en este caso, ya que el proceso de aceptación implicaría construir un edificio con una sólida base.

Hay que hacerlo, sí o sí, ajustándonos positivamente, sin postergar. Es el paso previo para el siguiente recorrido: recalcular y reclasificar, mirar desde la realidad las posibilidades, sin quedarse estancada, valorando el tiempo. ¿Ya aceptaste lo que estás viviendo? Es hora de preguntarte: ¿ahora qué?, ¿qué decido hacer con mis emociones?, ¿qué decisión debo tomar?, ¿qué me hará realmente feliz? Es importante destacar que todo el proceso de aceptación es solo tuyo, es un acto de LEALTAD CONTIGO MISMA, es tu vida la que decidirás, no es la de los otros, debes poner por encima de todo tu propio interés y bienestar más allá de cualquier cuestionamiento externo, son tus propios cuestionamientos los válidos en este momento.

Acepta la realidad que estás viviendo, tus propios procesos, evita la culpa, esta es una emoción innecesaria siempre y más que nunca en este momento. Algunas veces cuando estamos analizando las situaciones que nos inquietan, cuando miramos el pasado, el presente y deseamos reorientar nuestro futuro, la culpa se filtra en nuestros pensamientos ocasionándonos bloqueos limitantes, por ello es necesario mantenernos firmes y en positivo con la certeza de que todo es posible. Podemos lograr lo que nos proponemos. Esto es una verdad absoluta.

Ponernos algo o bastante presión está bien, inclusive es muy recomendable. Nos servirá para empujarnos y salir realmente de cualquier estancamiento o situación inestable. Se trata de ponernos tiempos, *dead lines*, límites, fechas, objetivos concretos en un cronograma real. En este nivel, postergar es contraproducente.

El tiempo pasa para todas y nuestras decisiones nos pondrán definitivamente en el camino adecuado, una realidad que será absolutamente un avance muy significativo en nuestras vidas.

DESDE MI EXPERIENCIA PERSONAL

Te cuento que todos, en algún momento, hemos pasado por este tipo de situaciones que ameritan un trabajo de cierre, de microduelos, de profundo análisis y de una aceptación radical. Claro está, no soy la excepción. Por eso comparto, a continuación, uno de mis procesos personales y los resultados obtenidos.

Tenía treinta y ocho años. Aún vivía en Buenos Aires, Argentina, contaba con una gran carrera profesional y, en algún momento, por alguna razón, un amigo me sugirió que conociera a otro amigo suyo que vivía en Nueva York, a lo cual me negué de forma rotunda. Me planteó que teníamos mucho en común, pero con firmeza argumenté que tenía una carrera profesional ya lograda, la cercanía con mis padres, mis amistades de toda la vida, mis *hobbies*, mi *running* en Palermo. Sinceramente, no tenía necesidad de trasladarme a otro país. Mi vida estaba tranquila y cómoda, no requería salir de mi zona de confort, estaba haciendo lo que quería y como lo quería, todo en mis términos.

Por otra parte, este amigo también le sugirió al señor en cuestión conocerme, exponiéndole nuestras semejanzas, nuestros puntos en común: ambos *runners*, corredores de maratones y triatlones, carreras de larga distancia. De igual manera y en principio, él se negó. Alegó la gran distancia geográfica USA-Argentina. Dadas las circunstancias, nuestro amigo en común, le hizo llegar mi correo electrónico. En esa época, era América *Online*, ya que no existía la tecnología que hoy tenemos, y, bueno, poco a poco, nos comenzamos a escribir, a conocer y, finalmente, me vino a visitar por un fin de semana a Buenos Aires. Al conocernos, la empatía fue inmediata, realmente sentimos amor a primera vista.

Por dos años, cada seis semanas viajábamos por tres o cuatro días cada uno alternadamente. En cierta forma, era una manera "cómoda" de llevar la relación para ambos. Pero al cumplir cuarenta, tomé la decisión de evaluar esta situación seriamente y en profundidad. La realidad era que ciertamente estábamos enamorados y me encantaba la idea de vivir con él, aunque mis padres, mis grandes amigos de la vida y mi carrera profesional estaban en Argentina

Me tocó pasar por las etapas que antes te planteé, aceptar mi situación, pensar que era posible que estaba por dar un salto al vacío, que iba a cambiar estilos de vida, cultura, idioma, costumbres, iba a dejar atrás mi familia y amigos. Tuve que hacer mucho trabajo interno para tomar la decisión porque las mujeres somos así, fuertes, inteligentes y capaces de tomar decisiones. Y así fue. Llegué al proceso de cierre, evalué, recalculé y planifiqué, tomé decisiones. Tenía en claro lo que me haría realmente feliz, porque en definitiva es así, el proceso es solo de una.

Inicialmente hablé con mis padres, quienes me apoyaron de inmediato e incondicionalmente. Me dieron el beso en la frente y estuvieron de acuerdo conmigo. Me aconsejaron que debía decidir por aquello que realmente me haría feliz. Mis padres son seres maravillosos, realmente únicos y sabios.

Aprovecho esta mención de los padres para incluir una reflexión: ya que los hijos sencillamente son de la vida, no están para cubrir vacíos personales, deben volar con las herramientas que les has dado, permitir que vivan sus propias experiencias, confiar en que lograrán sus objetivos.

Así fue que llegué a Estados Unidos, decidida y firme en mis convicciones, considerando todas las variables que se ponen en juego. Cierto, todo fue un proceso como tal, de ajuste, de adaptación, de transculturación, de nuevos comienzos en todo sentido, a los 40 años y sin mirar hacia atrás... Ese es un gran secreto, siempre hay que mirar hacia adelante y trabajar con convicción, poder y mucha autorregulación emocional para hacer que todo lo planeado funcione como fue imaginado y manifestado.

Lo llamo "*laser-focus*" y les cuento que todo funcionó maravillosamente, casados, hijos, nietos y muchas alegrías personales, familiares y deportivas. Ambos somos atletas de alto rendimiento y competición. Maratones 42 Km, así como *Ironman* triatlones de distancia 140.6 millas, *Ironman* de distancia 70.3 millas. Entrenamos juntos y corremos las carreras juntos. Es, en definitiva, un estilo de vida, además de nuestras carreras profesionales. Viajamos a participar en las competiciones y disfrutamos de lo que en definitiva nos mantiene a ambos en excelente estado físico y mental.

Lo cierto es que tomé la decisión de cambiar de cultura, de familia, cambiar mi realidad, revalidar muchos detalles del título profesional. Me vi obligada a dejar cosas atrás, por lo que te aclaro que es una experiencia que podemos calificar de agridulce, ya que te encontrarás que tienes la mirada hacia adelante, con la promesa de algo nuevo, un gran cambio, una gran emoción, expectativas, alegría por lo que te tocará vivir y experimentar; pero, por otra parte, lo que dejas atrás —en mi caso: mi país, mi cultura, familia, amigos, una estabilidad profesional y laboral— te lleva a vivir un proceso de duelo. Cualquiera de los ejemplos anteriores pueden ser microduelos, lo que pudo haber sido y no fue, pero en todo proceso de aceptación, en el desarrollo como tal, existen estos microduelos que son necesarios vivir.

Lo que sí necesito es que seas totalmente consciente de que el proceso de aceptación no puede ser en función de terceros. Como lo acabas de leer, me tocó tomar decisiones trascendentales, pero siempre en función de mi bienestar. Hoy en día, estoy convencida de que los resultados han sido satisfactorios. Como en todo proceso hay un momento de transición, pero con tiempo, dedicación, determinación y paciencia todo se estabiliza; obviamente, nunca he dejado de velar por mis padres, lo que para nada ha sido una limitación. Me establecí profesionalmente y hago también mi vida deportiva, lo que sigue llenándome de satisfacción.

Ya han pasado veinte años y definitivamente hice lo que debí hacer, ¿que si fue fácil?, claro que no. Por cierto, un acierto total. Te invito entonces a verte desde esta realidad; quizás estás en ese momento, necesitando de otras experiencias diferentes, nuevas. Por eso quise compartirte una vivencia mía. Vive el proceso, toma las decisiones necesarias, piensa en ti porque tienes la capacidad de ACEPTAR tu situación, evaluarla y cambiar lo que sea necesario cambiar.

Por otra parte, quisiera complementar lo que has leído con lo siguiente: en esos procesos de formación que he realizado dentro de mi crecimiento profesional, en una oportunidad, hace más de 30 años, empecé a estudiar Programación Neurolingüística (PNL) y, específicamente, recuerdo que un día estaba con mi maestro en sesión uno a uno, y me realizó la siguiente pregunta: "¿Quién es la persona más importante en tu vida?", a lo que contesté rápidamente y sin dudas: "Bueno, mis padres". Increpándome respondió de inmediato: "No, tú, TÚ eres la persona más importante en tu vida". Por eso, en el proceso de tomar conciencia, es primordial tener en cuenta nuestros propios deseos y prioridades; es más fácil cuando no necesitamos lidiar con terceros y, a pesar de opiniones y experiencias externas, lo prioritario es el interés personal por encima de todo esto. No puedes establecer límites con opiniones de terceros. Todo es posible, si realmente quieres alcanzar una meta u objetivo. Te reafirmo, entonces, que este proceso de aceptación tiene un solo dueño, **¡tú misma!**

MÉTODOS DE ACEPTACIÓN

Aunque anteriormente te facilité una técnica simple y específica, quisiera complementarte con más información para que puedas utilizar lo que se acerque a tu realidad. Algunas técnicas o herramientas, según los casos, puedes desarrollarlas de forma natural e independiente; en otros, es necesario el apoyo profesional.

Una práctica fundamental, es *Mindfulness*. Esta técnica incluye una variedad de elementos fundamentales e importantes, que te detallo a continuación:

1. **No enjuiciarte**: evalúate con amor, mírate con cariño, no te critiques.

2. **Paciencia**: no mires a la cima, mira delante de tus narices, no te adelantes, quédate en el hoy, en el aquí y el ahora.

3. **Ten una mente abierta**: acepta todas las emociones que estás sintiendo, luego se trabajarán una a una, pero inicialmente es importante reconocer todas las que estás experimentando.

4. **Evita luchar**: deja fluir esas emociones, aunque sean conflictivas, no las niegues, no las contraríes, déjalas fluir. Como te expliqué, trabajaremos una a una.

5. **Confía**: antes que nada en ti misma y, en segundo lugar, en el profesional que te acompaña.

6. **Acepta**: es un camino a la paz interior. Cuando eres consciente del proceso, cuando atraviesas el paso a paso lo que consigues es la paz interior.

7. **Sigue adelante**: es el momento en el que estás lista para planificar el siguiente paso, déjate fluir y mantente alerta para lo que viene.

Revisa esta técnica, si deseas ahondar o buscar una similar, mucho podrás encontrar en Internet y, de ser necesario, busca aquella que puedas incorporar a tu realidad.

Otra herramienta que te invito a utilizar es la escritura, dedícate un momento a escribir todos los juicios que tienes en torno a las cosas, a la vida. Déjalos fluir. Dedica un tiempo todos los días, al menos cinco minutos, puedes realizarlo de esta manera:

- Escribe tus ideas, pensamientos y emociones. No pongas filtros, deja fluir cada idea, no importan detalles estéticos en este momento, que nada detenga esa necesidad de expresar lo que sientes.
- Agradece poder estar. Como te expliqué anteriormente, lo que estás pasando, es lo que tenía que pasar. Es parte del proceso de aceptar, el entender aquello que no puedes cambiar, pero también lo que puedes aprender para evolucionar, para crecer. Es un momento para agradecer cada momento.
- Con la conciencia abierta, en todo y para todo, escribir desde la realidad.

Además, realiza actividades que te ayuden a pensar: correr, caminar, bailar, yoga, bicicleta, cualquier acción que te haga sentir que recuperas tiempo para ti misma, que en ese tiempo puedas refrescar tus pensamientos.

Personalmente, tengo la mayor cantidad de pensamientos cuando corro. Limpio lo negativo, dejo entrar lo positivo. Conscientemente tengo las mejores ideas y una gran sensación de bienestar. De acuerdo a tu personalidad, realiza aquello que te dé placer, agrado, que sea un espacio de conversación interna, un encuentro contigo misma, un diálogo interno con preguntas y respuestas.

Aunque cada quien puede adaptarlos a sus gustos o preferencias, estos pasos son generales, porque somos seres únicos e individuales con características, debilidades y fortalezas propias y no existe un método específico o efectivo en todos los casos, es decir, no existe una fórmula secreta.

Te sugiero que al reconocer aquello que te inquieta, que te cuestionas, que te indica que ameritas un análisis profundo de tu vida o situación y quizás un cambio de rumbo, te sumerjas en el proceso de aceptación, vive sus fases y sus etapas, de esta manera se te presentarán las posibilidades más saludables, y la mente y el corazón se abrirán a un mundo de infinitas oportunidades.

"La vida es un camino, no es un destino".

WO
MEN
CAN
DO
EVERYTHING!

CAPÍTULO 3
IDENTIDAD

*Toda
adversidad
y todo dolor prepara
nuestra alma para
tener visión.*

Martin Buber

¿QUÉ ES LA IDENTIDAD?

Es una palabra que utilizamos en nuestra cotidianidad constantemente, pero si la llevamos a un proceso más reflexivo, si te preguntara: ¿cuál es tu identidad?, ¿en qué aspectos pensarías? ¿Identidad según la nacionalidad, el grupo familiar, político, religioso, profesional? En fin, esta es la razón por la cual ahondaremos en este capítulo sobre su verdadero significado. Cómo identificar nuestra propia identidad, evaluar si la hemos perdido en el camino, y si nos sentimos seguras y firmes con la identidad que reconocemos.

En relación al tema y en función de mi experiencia como psicóloga, te puedo decir que se han realizado infinidad de estudios bajo esta temática. Por ejemplo, y para ofrecerte una dimensión general, te nombraré al psicoanalista estadounidense de origen alemán Erik Homburger Erikson, quien planteó interesantes teorías en la psicología del desarrollo.

Erikson, citado por Torregosa y Sarabia[3], indica múltiples significados al concepto de identidad, vinculándolo a términos como personal, ego, yo, utilizados en distintos contextos. Así, algunas veces se referirá a un sentimiento consciente de identidad individual; otras, a un deseo inconsciente de continuidad del carácter personal; o, en

---

3 José Ramón Torregosa y Bernabé Sarabia. *Perspectivas y contextos de la Psicología social.* (Barcelona: Hispano Europea, 1983). https://www.quadernsdepsicologia.cat/article/view/v9-n2-blanch1/566

ocasiones, a las funciones de síntesis del ego y, otras veces, al mantenimiento de una solidaridad interior con los ideales y la identidad de un grupo.

Puedo indicarte, además, que es considerada como un fenómeno subjetivo de elaboración personal, que se construye simbólicamente en la interacción con los otros. La identidad personal también está ligada a un sentido de pertenencia a distintos grupos socioculturales con los que consideramos tener afinidad. Se va construyendo desde que nacemos y, a través del tiempo, con otros, inicialmente con nuestros padres, familia, escuela y en cada uno de los entornos en los que interactuamos, en relación a cómo nos vemos, cómo nos ven y cómo creemos que nos ven, de esa manera vamos creando un concepto propio.

Desde la infancia, el individuo es maleable y depende directamente de su madre y de su entorno. Va construyendo creencias y esquemas mentales de forma progresiva, tomando conciencia de su propia existencia y con ello la existencia del otro, a partir de allí va incorporando conocimientos de sí mismo en relación con su entorno, luego tendrá otros contextos, escuela, amigos, grupos, que le permitirán ir construyendo su propia identidad; de esta manera, el ser humano va creándola, transformándola y fortaleciéndola en relación a sus propias experiencias.

Se refiere, además, al sentido que damos a nuestro propio ser, único, diferente de cualquier otro y continuo en el tiempo. Por ello, puede evolucionar. La identidad personal se manifiesta a través de diversos elementos. Por ejemplo, como ya hemos mencionado, identidad de género, elección política, valores morales, religión, costumbres y tradiciones personales, estilo estético, expresión verbal y conductual, *hobbies*, profesión, estudios, entre otros. Así se construye la relación de la persona consigo misma y con aquellos que le rodean.

Es decir, la identidad como tal es un cúmulo de experiencias internas, la forma como vamos construyendo un autoconcepto o imagen propia. Esta identidad personal sigue fluctuando constantemente en el transitar de la vida, porque las experiencias vitales, las vivencias, nos van condicionando, alimentando y retroalimentando para modificar de esta manera nuestra identidad como tal.

Para ilustrar lo anterior, te presento la historia de Camila, una chica, en apariencia, impaciente. Muchas veces calificada de esa manera por las personas de su entorno. Este fue un concepto que se le explicó, vivenció y, de una forma u otra, fue incorporando a su realidad. A medida que fue madurando se relacionó con otras personas e incorporó nuevas experiencias; cambió este concepto de impaciente descubriéndose, finalmente, como una persona realmente tolerante y paciente. Un concepto inicial fue transformado en el tiempo a través de la relación externa y un proceso de aceptación interna.

John Locke[4] plantea en sus investigaciones que el hombre nace como una *tabula rasa*, una mente vacía, nace en cero; a medida que va siendo educado se le va inscribiendo información y es moldeado por las experiencias que va viviendo. A esta teoría psicológica, que puede ser una base en la posible construcción del concepto de identidad, me opongo como especialista. Traemos, al nacer, elementos de nuestros ancestros, padres, abuelos, bisabuelos; de nuestra cultura, independientemente del origen, europeos migrantes, esclavizados, sobrevivientes de las guerras mundiales, entre otros. Son elementos que conforman nuestra identidad. Venimos con un bagaje de información —que podríamos llamar memoria celular, o también conocida como memoria genética—. La identidad es tanto la base de lo que somos como de lo que traemos.

Es un hecho observable y comparable, por ejemplo, los niños nacidos actualmente. Muchos llegamos a escuchar historias de las abuelas como que los niños tardaban hasta nueve días para abrir los ojos, que solo se les podía bañar luego de no tener los restos del cordón umbilical. Por el contrario, hoy en día, los niños al nacer están totalmente estimulados, llegan a voltearse en las pocas semanas, ni qué decir cuando ya van creciendo y les permites un teléfono celular, capaz de hacer hasta lo inimaginable. Con esta reflexión me permito mostrarte que el entorno forma parte

---

4 Filósofo y médico inglés, (1632-1704), considerado padre del Liberalismo Clásico.

de su identidad tecnológica dados los avances, necesidades y posibilidades de comunicación.

Un niño desde el proceso de gestación recibe, actualmente, una variedad de estímulos externos, porque también tenemos una madre multifuncional que, aunque esté embarazada, es capaz de gerenciar el hogar, trabajar, hacer ejercicios, estudiar, entre otros. Entonces el contexto ya no es el mismo de hace algunos años y la identidad de nuestros niños y jóvenes se ve influenciada directamente por estos avances. Como les indicaba, es parte de la memoria genética actual. Entonces, no puedo compartir los preceptos planteados por Locke, ya que las evidencias que hay se contraponen a su teoría. Son hechos totalmente observables en nuestra realidad y en relación a la construcción del concepto de identidad.

Por otra parte, para complementar la importancia de este proceso de construcción de la identidad, podemos hacer la analogía con uno de los personajes presentados por el gran escritor Quino, en *Mafalda*. ¿Cuántas de nosotras no recordamos a Susanita?, todo lo que siempre quiso ser fue cumplir su rol de madre, no tenía otro interés. Todo lo que hacía de una u otra forma estaba relacionado con esa intención, eso era lo que para ella tenía sentido, era como se identificaba. Quienes hemos tenido la oportunidad de leerla, recordamos que su discurso era insistente en manifestar su deseo inquebrantable de ser madre y tener la familia perfecta. No obstante, sería interesante plantear: ¿qué le hubiera pasado a Susanita si al llegar a cierta edad cae en cuenta que no logró concretar su ideal de ser madre y esposa abnegada? Podría, entonces, encontrarse en un gran conflicto de identidad. ¿Qué pasa cuando pierdes el norte en función de lo que creías era tu identidad?

Y esta situación ocurre, como hemos planteado anteriormente, en el momento en que sientes necesario evaluar tus prioridades. Ese instante en que necesitas retomar lo que has hecho y considerar cómo te sientes en función de lo que tienes. Si llevo esta situación a un supuesto real, una persona que ha mantenido ese sistema de creencias y se ha volcado a mantenerlo como principios, de no llegar a concretarlo, se vería obligada a evaluar para poder redireccionar y recalcular, reflexionando sobre las interrogantes planteadas; es un ejemplo que puede ser extrapolado a la realidad de muchas mujeres, lo que nos lleva a plantearnos la siguiente pregunta.

¿POR QUÉ TENEMOS QUE AUTOANALIZAR Y QUIZÁS REPLANTEAR NUESTRA IDENTIDAD A PARTIR DE LOS CUARENTA?

En la medida que evolucionamos, podemos tener identidad de hija, madre, empleada, profesional, amiga, todos los roles que vamos cumpliendo en la vida y que nos proveen de una identidad, vamos ejerciéndolos y pueden presentarse crisis. Algunas nos ocurren a nosotras y otras, las asumimos como nuestras, presentando también posibles crisis de identidad.

Sencillamente, la vida es como un río, es un constante fluir. Son cambios recurrentes de estos roles y estas adaptaciones a nuestra identidad. Hay que observar estos procesos, entenderlos, adaptarlos y modificarlos, hay que replantearse los propios intereses, así como un   proceso constante de transformación.

Por ejemplo ¿cuántas no pensaban que tenían el trabajo ideal, una vida tranquila, estaban dentro de su zona de confort con sus altas y bajas, y llegó de forma intempestiva la situación de pandemia cambiando todas las circunstancias?, ¿cuántas personas perdieron su empleo?, ¿a cuántas empresas, dada esta nueva realidad, les tocó cerrar?, ¿cuántos se vieron de forma sorpresiva sin un norte y el perder el trabajo los llevó también a perder su identidad laboral? El CO-VID-19 afectó a muchos a nivel mundial, nos llevó a revaluar nuestra identidad desde la pregunta ¿ahora, qué hago?, en el aspecto o ámbito que sea.

En medio de esta pandemia, me tocó asistir muchos casos y uno de ellos fue el de Claudia, una mujer que siempre se desempeñó como personal *trainer*. Sus últimos veinte años se dedicó a entrenar gran cantidad de personas en gimnasios. Era su vida, su pasión. Admirada por muchos, obviamente con una estructura corporal envidiable, se dedicaba enteramente a esta actividad, pero dadas las circunstancias de pandemia estos establecimientos cerraron o quebraron y esta mujer, con 52 años, ya no tenía la rutina que habitualmente cumplía, ya no tenía la posibilidad de relacionarse y apoyar a otros físicamente. Definitivamente, aquello que la definía e identificaba, lo había perdido.

Esta situación la llevó a entrar en depresión severa, por todo aquello que sintió perder, comenzó a comer y a ganar algo de peso. Sencillamente, no podía parar. No encontraba un rumbo a seguir, razón por la que requirió mi asistencia profesional.

Inicialmente, fue necesario plantearle un proceso de revaluación, tomar conciencia de su circunstancia actual. Como les explicaba anteriormente, partimos de un proceso de aceptación radical de la realidad. Esto es lo que tenemos y, lamentablemente, no lo podemos cambiar. Pasó porque tenía que pasar. Sin embargo, no solo debemos quedarnos en el proceso de aceptación, es necesario plantearnos, como pasó en el caso de Claudia, ¿qué otra función podemos cumplir?, ¿cuáles son esas fortalezas a las cuales puedo sacarle provecho ante esta nueva realidad?, ¿qué es realmente lo que me apasiona?

Finalmente y luego de revaluarse y reencontrar su identidad, comenzó a ver nuevas posibilidades. Como en muchos de los casos, se acopló al único recurso que nos ha permitido esta pandemia desde sus inicios, el tecnológico. Comenzó a atender, de nuevo, a sus clientas vía *Zoom*. Logró adaptarse y encontró nuevas formas de relacionarse, recuperando su identidad. Paró de llorar, encontró un camino, vio la luz que la pudo guiar; nuevamente, consiguió ponerse en forma emocional y físicamente, retomó las personas a quienes acompañaba e incorporó nuevas. Más adelante, pudo salir a los parques con las medidas de bioseguridad y se reincorporó a sus labores de personal *trainer*. En definitiva, se readaptó.

Esto nos lleva a evaluar y a vernos desde la personalidad de Claudia, ¿cómo reaccionó ella inicialmente ante la adversidad?, ¿a qué punto le tocó llegar?, ¿cómo lo atravesó? y ¿cómo logró superarlo? Son estos excelentes momentos para revaluar de qué estamos hechas. Realmente nos conocemos cuando nos enfrentamos a la realidad, aceptar estos procesos puede marcar una enorme diferencia entre las personas que han tenido que afrontar grandes dificultades, asumiéndolas desde una mentalidad de víctima o de sobrevivientes.

Esta pandemia nos ha ayudado a entender que las circunstancias y momentos difíciles no son eternos, todas las adversidades siempre tendrán un principio y un fin. Son solo obstáculos, duran lo que tienen que durar y hay que estar preparados para superarlos y reinventarse, ver las soluciones en las adversidades y todo esto formará parte de nuestros procesos de identidad, lo que nos puede llevar a un término muy utilizado en los últimos tiempos y que también nos puede definir como lo es la RESILIENCIA, esa capacidad que hemos asumido de ser flexibles ante las dificultades, de adaptarnos y ver las nuevas oportunidades, de afrontar las situaciones desde una perspectiva de avance y crecimiento.

¿Cuántas de nosotras nos vemos reflejadas en la situación de Claudia y cuántas no nos sentimos actualmente resilientes? Esta es una de las tantas experiencias que me ha tocado acompañar en esta nueva realidad, pero que tiene que ver con reconocer y valorar nuestra propia identidad, un proceso que mantiene bases firmes y ancestrales, pero que también requiere nuevas adaptaciones. Eso es lo que nos hace evolucionar como seres humanos, valorar nuestras fortalezas para incorporarlas a nuevas experiencias, siendo este un proceso cíclico y constante de aprendizaje reflexivo y de cambio.

Por esto, quisiera compartirles una experiencia personal dentro de este aprendizaje sobre la identidad. Como les comenté, soy de origen argentino. Mi padre, un hombre capaz de hablar once idiomas, me llevó a crecer en un hogar donde se podía escuchar el inglés, francés, alemán, hebreo, yiddish, flamenco, entre otros. Debido a esto, me fascinan los idiomas. Es parte de mi proceso de identidad. Sin embargo, al venirme a Estados Unidos y, obviamente, al relacionarme totalmente por medio del inglés, me tocó apropiarme de este nuevo idioma en su totalidad; es decir, todas mis relaciones e interacciones en su mayoría son en inglés, lo que me llevó a modificar un poco mi acento argentino.

Aunque viajo frecuentemente a mi país, es curioso y, a la vez, algo frustrante que al estar en mi tierra natal, muchas veces al escucharme, me pregunten si soy de Argentina o de dónde soy. Esta situación actual, es parte de lo que soy. Me tocó modificar mi realidad, hablar, incluso pensar en otro idioma, que son procesos mentales algo complejos, ya que algunas veces debo leer en español y entender en inglés o viceversa, pero estoy sumamente clara de mis orígenes. Es parte de mi identidad. Parece algo sencillo comparado con el ejemplo anterior, pero manejar el uso de los idiomas me ha llevado a adaptarme a las diversas realidades, aprovechar mis fortalezas ancestrales y convertirlas en un punto a favor en todos mis contextos ya que puedo escuchar, entender y ayudar a otros desde diversos idiomas, sin perder nunca mi origen, estos son también partes de mi identidad.

UNA HERRAMIENTA DE APOYO

Cuando algunos de los pacientes llegan a mi consulta y sienten que han perdido su horizonte, presentan angustias o incertidumbre, entonces, tiendo a preguntar: ¿en qué momento o haciendo qué, fuiste y te sentiste sumamente feliz? Por ejemplo, en el caso de Claudia, me expresó que se sentía feliz durante su rutina en la mañana, prepararse físicamente, preparar a otros, ir al gimnasio. Al identificar el momento, la ubiqué en esa emoción, marcando el punto a donde debía volver emocionalmente; a este proceso lo llamamos ANCLAJE y te invito a incorporarlo y utilizarlo en el momento que así lo consideres.

¡El anclaje es una herramienta excelente y tremendamente poderosa!

Haciendo un poco de historia y también para que conozcas el origen, te cuento que este término en el ámbito psicológico, está asociado a lo que llamamos reflejo condicionado, parte de los estudios realizados por el fisiólogo ruso Iván Pavlov (1849-1936), a través de los experimentos que realizó al condicionar la alimentación de un perro con un sonido específico, proceso que luego fue acoplado al desarrollo de la programación neurolingüística. Una técnica implementada para los años 70 en Estados Unidos por Richard Bandler y John Grinder, que establece una relación entre los procesos neurológicos, el lenguaje y los patrones de comportamiento aprendidos a partir de las experiencias. Esto nos puede ayudar a modelar, modificar o REPROGRAMAR habilidades para lograr alcanzar objetivos propuestos.

Dentro de las técnicas utilizadas en la PNL se incorpora el ANCLAJE, entendiendo que es ese estímulo asociado a un estado emocional. Para ejemplificártelo, te invito a recordar el aroma de una comida realizada por tu madre, esa que más te gustaba y que siempre anhelabas, ¿qué sentimientos y emociones se reviven en ti?, ¿sientes nuevamente ese delicioso sabor en tu boca?, ¿te lleva a sentir el placer de su aroma y texturas?, es decir, el ancla puede ser un aroma, una palabra, una canción, una imagen que haya entrado al cerebro por alguno de tus sentidos y que evoque una emoción y sensación agradable. Desarrolla entonces tus propios anclajes y para ello te invito a realizar el siguiente ejercicio:

- Ubícate en un lugar solo y tranquilo.
- Siéntete cómoda.
- Cierra los ojos.
- A partir de este momento comenzarás a imaginar una pantalla de cine, donde vamos a proyectar tu propia película.

- Imagina esta pantalla grande con una definición única y nítida.
- Proyecta un momento donde te sentiste sumamente feliz. Revive ese instante, ubícalo en tu memoria, ve los colores de forma clara y viva, recuerda qué aromas percibiste, qué emociones sentiste, qué escuchabas.
- Coloca esa imagen o momento feliz en pausa.
- Conéctate con la emoción y sensaciones de ese momento y guárdalas.
- Esta imagen guardada será tu ancla de momento y sensación feliz, porque es así como debes buscar sentirte, te marcará un norte a seguir.

Este ejercicio, te permitirá ubicar y reconocer ese momento donde sentiste felicidad plena. Para que logres evaluar cuáles son las condiciones que necesitas incorporar en tu vida para que esta sensación sea lo más constante posible, obviamente, anhelamos vivir en una felicidad perenne. Tu vida tendrá altas y bajas, pero sí te ayudará a reencontrarte con tus objetivos, a ver si realmente lo que estás haciendo o el camino por el que estás transitando es el adecuado.

Este es un proceso netamente personal, cada una de nosotras ubicará su propio anclaje. Te invito a realizarlo cuando lo consideres necesario. La idea es volver a tu esencia, a tu momento de felicidad, a tu propia identidad, aquello que solo a ti te hace feliz, a fin de que evalúes y replanifiques o te reinventes.

Volviendo al ejemplo de Claudia, con este ejercicio fue necesario llevarla a ese lugar, a ese momento feliz, cuando intercambiaba con las personas que entrenaba, volver a su esencia, reencontrar su identidad. Al tener su horizonte, quedaba crear el plan necesario para llegar a esa meta, hacer que ese momento volviera a ser parte de su vida, reconocer que esa era su mayor fortaleza, pero ahora adaptándolo a los recursos que tenía, en este caso los tecnológicos. Fue así como encontró la solución, felizmente se reinventó.

Todas las adversidades que se nos presentan en la vida son positivas, aunque en primera instancia creemos o pensamos que no lo son por cómo nos sentimos en ese momento, la adversidad nos llevará indefectiblemente a reconocer nuestras capacidades, nuestras fortalezas, y cuando identificamos cómo salir de la situación que nos complica, nos EMPODERAMOS, y podemos decir que el resultado siempre será positivo y maravilloso.

Cuando te sientas confundida, abatida, algo perdida, donde sientas que se quiebra tu identidad, que has perdido tu norte, mira en la historia de tu vida, en qué momento fuiste feliz, y si puedes recrear las condiciones emocionales de esa etapa de tu vida, verás que se delinea tu nuevo camino... Dale para adelante, ¡te garantizo que tú puedes!

CAPÍTULO 4
AUTOESTIMA Y AUTOVALORACIÓN

*No podemos vivir solo
para nosotros mismos.
Miles de fibras
nos conectan con
nuestros semejantes; y en
estas fibras,
como hilos compasivos,
nuestras acciones
generan
causas y regresan a
nosotros como efectos.*

Herman Melville

AUTOESTIMA Y AUTOVALORACIÓN

Definimos la autoestima como el conjunto de percepciones, pensamientos, evaluaciones, sentimientos y tendencias de comportamientos dirigidos hacia nosotras mismas, hacia rasgos de nuestro cuerpo y nuestro carácter. Podemos decir que la autoestima y la autovaloración son conceptos que se relacionan a la vez; la primera, podemos entenderla como una apreciación personal, subjetiva, individual que está conectada con nuestro sistema de valores, es emocional y solo nosotras somos responsables del estado en que esta se encuentre, y es necesario chequear, constantemente, cómo nos sentimos con esta percepción. Tal hecho nos lleva a la autovaloración que es el juicio que una persona se hace de sí.

Fue William James, psicólogo y filósofo estadounidense, egresado de la Universidad de Harvard y fundador de la psicología funcional, quien generaría inicialmente el concepto psicológico de la autoestima a finales del siglo XIX, en su obra *Los Principios de la Psicología*. Estudió el desdoblamiento de nuestro «Yo-global» en un «Yo-conocedor» y un «Yo-conocido». Según James, de este desdoblamiento del cual todos somos conscientes, en mayor o menor grado, nace la autoestima.

Completanda esta información inicial, te comparto la "Escalera de la autoestima", presentada por Rosenberg[5], es

---

5 Morris Rosenberg fue profesor y doctor en Sociología de la Universidad de Columbia (1953). Dedicó varios años a estudiar la autoestima y el autoconcepto.

una técnica de las más utilizadas para evaluar la autoestima. Desarrollada originalmente en 1965 y traducida al castellano por Echeburua en 1995, la escala incluye ítems que valoran sentimientos de respeto y aceptación de sí mismos, partiendo de estos preceptos:

1. **Autoconocimiento**: implica reconocerse a sí mismo. Reconocer las necesidades, habilidades, potencialidades, debilidades, cualidades corporales o psicológicas; observar nuestras acciones, cómo y por qué actuamos y qué sentimos. Tener conciencia plena de quiénes somos y dónde estamos.

2. **Autoaceptación**: consiste en aceptarnos tal como somos, en lo físico, psicológico, social y emocional. Aceptarnos nosotros mismos y a los otros, reconociendo todas las partes que nos constituyen como un hecho, como una forma de ser y sentir.

3. **Autovaloración**: refleja la capacidad de evaluar y valorar las cosas que son buenas de uno mismo, aquellas que nos satisfacen y son enriquecedoras, que nos hacen sentir bien, que nos permiten crecer y aprender. Consiste en buscar y valorar todo aquello que nos hace sentir orgullosas de nosotras mismas, enalteciendo las fortalezas por encima de las debilidades, ante cualquier situación.

En 1965 presentó la propuesta inicial de la escala de medición de autoestima en su libro titulado *La sociedad y la autoestima del adolescente*.

4. **Autorrespeto**: implica expresar y manejar de forma conveniente sentimientos y emociones, sin hacernos daño, ni culparnos. El autorrespeto nos permite considerarnos merecedoras de la felicidad, implica tratarnos de la mejor forma posible, sin permitir que los demás nos traten mal. Es el convencimiento real de que los deseos y las necesidades de cada una de nosotras son derechos naturales, lo que repercutirá en poder respetar a los otros con sus propias individualidades, así como respetarnos y hacernos respetar, manteniendo una firme convicción de lo que queremos y lo que no.

5. **Autosuperación**: si la persona se conoce, es consciente de sus cambios, crea su propia escala de valores, desarrolla y fortalece sus capacidades y potencialidades, se acepta y se respeta; estará siempre en constante superación. Por lo tanto, tendrá un buen nivel de autoestima, generando la capacidad para pensar y entender, para generar, elegir y tomar decisiones en función de resolver asuntos de la vida cotidiana, escuela, amigos, familia, entre otros. Es una suma de pequeños logros diarios.

6. **Autoeficacia y autodignidad:** la autoestima tiene dos aspectos relacionados entre sí. Estos son:

-Un sentido de ganador y de poder salir adelante (autoeficacia).
-Un sentido de mérito personal (autodignidad).

La autoeficacia nos permite confiar en el funcionamiento de la mente; es la capacidad de pensar en los procesos por los cuales juzgamos, elegimos, decidimos; es la confianza en la capacidad de comprender los hechos de la realidad que entran en la esfera de nuestros intereses y necesidades; confianza conocedora en nosotras mismas.

La autodignidad es la seguridad de nuestro valor; es una actitud afirmativa hacía nuestro derecho de vivir y de estar desde la felicidad.

La falta de alguno de ellos afecta enormemente, pues representan la esencia de la autoestima. Estos aspectos o peldaños conllevan a un análisis concienzudo según el rol que estemos desempeñando desde todas las dimensiones o áreas, buscando calificar en pro de mejorar aquello que lo requiera en función de nuestros valores e ideales, entre lo que somos y lo que nos gustaría ser, en donde nos encontremos aquí y ahora y hacia donde nos queramos proyectar.

Por ejemplo, cuando estamos en una relación bien sea laboral, sentimental, familiar, entre otras, si no nos hace sentir bien, si de alguna manera u otra trastoca nuestra autoestima, somos nosotras quienes tenemos la capacidad de asumir o permitir que esta nos afecte. Debemos estar consciente de las barreras necesarias que podemos colocar para que el abuso del otro no se filtre, lo que implica revisarnos y protegernos constantemente.

Siempre debemos estar ocupadas en identificar cómo están nuestros niveles de autoestima, preguntarnos constantemente qué debemos mejorar, pero no en función de los otros, sino en función de nosotras mismas, tratando cada día de convertirnos en la mejor versión que podamos alcanzar, lo que nos llevará a sentirnos satisfechas con nuestro ser, proyectando emociones positivas a los demás.

ENTRE PERMISOS Y DERECHOS

Todas las mujeres debemos trabajar en función de qué permisos y qué derechos les estamos otorgando a terceros para que nos juzguen, señalen o definan y hasta dónde permitimos que nos afecten.

Para verlo desde un caso concreto, te cuento la historia de Eliana, una paciente que me manifestaba que, con frecuencia, al estar con su novio, este le hacía algunos planteamientos con los cuales no estaba de acuerdo, que la llevaban a llorar y a conectarse con sentimientos negativos como tristeza, depresión, impotencia, entre otros, haciéndola pasar uno o varios días anclada a esas emociones.

Por esto, uno de los primeros aspectos que siempre trato de recalcar en mis pacientes es hacerles entender que nadie tiene derecho de hacernos llorar y robarnos un día de nuestras vidas opacando la luz que hay en nuestro interior.

Para ello, uno de los ejercicios que recomiendo, es realizar un autodiagnóstico diario, evalúate constantemente.

¿Estás haciendo lo correcto?, eres tú y solo tú quien puede tener el derecho de saber qué estás haciendo, cómo lo estás haciendo y, sobre todo, cómo te estás sintiendo ante lo que estás realizando, esto te dará la pauta para saber si es necesario redirigir en función de reconocer tus fortalezas por encima de tus debilidades.

Este es un proceso interno e individual que te permitirá fortalecerte emocionalmente, porque cuando le permites a otros interceder en tus emociones, les estás otorgando el poder personal que solo tú puedes tener. ERES DUEÑA DE TUS EMOCIONES. Si existe una situación o algo que te esté afectando internamente es porque dejaste una puerta abierta, si alguien entra, eres tú quien está dando el permiso para que te afecten.

Me interesa mucho que se entienda este concepto, hacerse cargo, entender que es una responsabilidad personal el hecho de que otros se tomen la atribución de enjuiciarnos, criticarnos, abusar del poder o confianza que les hemos otorgado.

Es común recibir diariamente un sinfín de comentarios o juicios de terceros, cada quien es dueño de sus acciones y pensamientos, pero eres tú quien decide hasta dónde la postura del otro te puede afectar. Es allí donde las bases sólidas de tu autoestima deben estar bien fortalecidas y esto se logra reforzando día a día la autovaloración a través de la autoevaluación.

Si permites que otro te afecte y le das permiso a entrar, entonces eres tú quien debe revisar esa puerta abierta y entornarla o cerrarla de ser necesario.

No podemos cambiar al otro, ni sus pensamientos, ni sus emociones, pero sí tienes toda la capacidad de DECIDIR qué vas a hacer con sus cuestionamientos, hasta dónde permitirás que te afecte lo que haga o lo que diga el otro. ¿Cuántas veces, por ejemplo, te arreglas para salir, te vistes y maquillas, te miras al espejo y te gusta cómo te ves; pero, al salir, tu esposo, novio, hermana o hijos o quien sea, hacen un comentario negativo sobre lo que te pusiste? En ese momento, eres tú quien decide, si permites que te afecte o si te sientes segura porque es a ti a quien le gustó lo que elegiste. Reconoce el momento, la situación, evalúa los comentarios, pero internamente es solo tu decisión la que permitirá que te afecte o no; esto no quiere decir que no escucharás opiniones externas, que además siempre las habrá, pero es la seguridad en ti misma lo que te permitirá seguir adelante sin dañar tu autoestima.

"PENSAR Y SENTIR" VERSUS "DECIR Y HACER"

Como te vengo planteando, ante las situaciones comunes de la vida, dentro de esa conversación interna, es necesario evaluar ¿cuándo piensas desde la razón o desde el corazón? Racional vs. emocional. En muchos casos, debe privar el uso de la razón por encima del corazón y comenzar a actuar desde una realidad consciente.

Por ejemplo, en estos procesos de cierres de ciclos, es imprescindible hacer constante esos procesos de autoevaluación y autovaloración que hemos conversado, para que no estés, permanentemente, susceptible ante los cambios que estés experimentando. Si permaneces en un estado de autoevaluación constante en función de tu bienestar, créeme que nada te tomará por sorpresa porque ya tendrás un trabajo adelantado equilibrando y ajustando en función de los objetivos que pretendes alcanzar.

Evaluar constantemente cómo nos sentimos y tomar acción, nos permitirá ganar mayor confianza en nosotras mismas y esto es clave para tomar mejores decisiones. Las mujeres somos emocionales por naturaleza y con grandes capacidades para pensar y razonar en función de nuestro crecimiento y evolución. Hay que tener conciencia de nuestro inmenso poder que nos permitirá siempre protegernos de ser afectadas.

Este proceso es totalmente necesario y te recomiendo antes de ser asistida por un profesional, psicólogo o *coach*, hacer un análisis personal profundo, un buen trabajo interno, obviamente, si encuentras que aun así se te dificulta superarlo sola, entonces será necesario un acompañamiento profesional, y desde mi experiencia te puedo asegurar que será un trabajo concreto, rápido y diligente, este especialista te ayudará a detectar cuáles son esos nudos críticos y cómo salir de ellos.

Comparto contigo la historia de María, una mujer de 54 años que sufrió un accidente de tránsito; como consecuencia, su rostro quedó bastante comprometido, y tuvo que someterse a varias cirugías faciales. Ante este hecho impredecible, fortuito, su vida dio un giro de 180 grados, que la llevó, obviamente, a una situación de vulnerabilidad en su autoestima. Su concepción de belleza, al tratarse de una marca física visible en su rostro, además, difícil de reparar, se vio trastocada.

No fue un caso fácil de tratar, sin embargo, fue de gran satisfacción ayudarla a buscar otras fortalezas en ella, porque es una mujer que ha tenido muchas experiencias y éxitos. Fue necesario retomar los momentos que la han llevado a ser feliz, devolverla de adentro hacia afuera a fin de extrapolar esa valoración personal que estaba allí internamente para poder solapar un aspecto físico. Hacer este trabajo de minero, seguir insistentemente en todo aquello positivo que tuvo y que también puede ser, todo esto le permitió sentirse más segura y retomar un nivel de autoestima adecuado, aunque la marca en el rostro es una debilidad presente cada vez que se mire al espejo, siempre dependerá de su disposición interna, para valorar sus potencialidades.

Este es un tipo de duelo real, necesario de encarar, aunque es un ejemplo complicado el que te comparto, fue posible mejorar sus procesos de autoestima a través del anclaje, llevarla a un profundo trabajo de aceptación, de reconciliación con esta nueva mujer que ve al espejo, obviamente desde la rabia, la impotencia, la frustración incluso, desde ese constante ¿por qué a mí? Desprogramar y reprogramar nuevamente este concepto de belleza requirió mucho trabajo, pero es una forma contundente, a través de este ejemplo, mostrarte que no solo eres lo que ves en el espejo, detrás de esa imagen existen un sinfín de virtudes necesarias de valorar. Eres un ser único e irrepetible y solo tú puedes darte el valor correspondiente.

Te invito a reflexionar en todo lo que pudo pasar María, en cómo se pudo sentir, lo que podía decir o manifestar ante esta situación vivida, pero, sobre todo, por lo que logró hacer. Te dejo estas interrogantes para que las incorpores ante cualquier situación de vida donde sientas que tus procesos de autoestima están siendo trastocados. Pregúntate siempre: ¿qué pienso de esta situación?, ¿cómo la evalúo?, ¿cómo me hace sentir esto que estoy viviendo?, ¿cómo verbalizo mis planes para salir de ella? Pero la más importante de todas: ¿qué decido hacer? Porque eres tú la única que tiene el poder de DECIDIR si permites que te afecte, hasta dónde lo permitirás y todo aquello que puedes hacer para salir de esa situación.

PERDÓNATE A TI MISMA

Parto de ese principio necesario al que te hice referencia en líneas anteriores, revaluarte diariamente, sí, debe ser una práctica consciente y constante. Pero está muy lejos de evaluarte desde la dureza contigo misma, muy lejos del juicio tóxico. Por el contrario, es una invitación a revisar aquello que te está haciendo sentir mal no desde la culpa o desde el arrepentimiento, sino desde lo que necesitas reequilibrar. Siempre recalco la importancia de tratarse una con mucho cariño, con amor.

Por todo lo anterior, perdonarte significa reconocerte en ese proceso de aceptación, tener claro que aquello ya pasó, simplemente pasó y de esa manera tenía que suceder. Es más, ya no lo puedes cambiar. Es dejar ese lastre atrás, soltar ese peso de los sentimientos negativos y comenzar a vivir el aquí y el ahora. Es volver a quererte, poner los pies firmes en quien eres y hacia dónde quieres ir. Es también, reconocer que son necesarios los límites, contigo misma y con los demás.

Recuerda que la persona a la que más debes cuidar y la más importante serás tú y solo tú, porque en la medida que te profeses ese amor, en esa misma medida te valorarán los otros. Acéptate y ámate tal cual eres, reconoce tus fortalezas y debilidades, desde ese proceso consciente podrás lograr todo aquello que te propongas; si estás segura de lo que eres y hacia dónde quieres llegar no habrá vacilaciones internas ni externas que obstaculicen tu camino.

Ten siempre un propósito y apoya todas las acciones que te lleven al éxito. Planifica, organiza, proyecta plan A y plan B o todos aquellos que te sean necesarios. No se trata de vivir en función del futuro, porque quizás te pueda generar ansiedad, pero sí tener claro cuál es la meta a la que quieres llegar y cómo será el camino para alcanzarla, donde debes prever que existirán baches, pero que estarás preparada para ellos.

QUERERSE NUEVAMENTE

Después de perdonarte, corresponde esa invitación a verte en el espejo, darte la mano y comenzar a caminar, darte cuenta de que ya no es la vida por el esposo que murió, que se fue, que ya no está, por los hijos que ya hicieron su propia vida, por el trabajo que quizás también ya cerró su ciclo. Es, ahora, el momento de verte frente a frente y redescubrir ¿qué es lo que, realmente, te hace feliz?, ¿hacia dónde quieres embarcar tu vida?, ¿qué tipo de personas deseas aceptar en este nuevo camino?

Volver a quererte, es muy similar al ejercicio del anclaje. Es evaluar esos momentos o circunstancias, cuando te sentiste feliz y EMPODERADA, desde tu esencia, donde estabas en sintonía con tu propósito y que, por una razón u otra, tuviste que dejar.

Recuerda esos estudios que quisiste hacer y no pudiste, ese viaje que siempre anhelaste, esas clases de cocina que te apasionaban o ese interés por tocar un instrumento musical. Quizás ese nuevo interés por aprender sobre el uso de las tecnologías y mantenerte actualizada, ser consciente de esos peldaños que quisiste subir y nunca pudiste, pues es aquí y ahora, luego del duelo y la aceptación, que toca hacer el plan con el mejor de los objetivos ¡quererte nuevamente! Esa es una de las formas de reconstruir el amor propio.

Me permito contarte la historia de Aura, una mujer que tuvo una adolescencia bastante agobiante. Fue internada por su madre en un lugar distante; decidió escaparse, regresó a su lugar de origen, se enamoró y con solo diecisiete años tuvo a su primera hija; al año, un segundo hijo, un varón. Con solo veinte años ya tenía la responsabilidad de un hogar, unos hijos y un esposo que atender. Atrás quedaron las fiestas con las amigas, las ganas de vivir su vida, de estudiar, de hacer cualquier otra cosa. Así pasó diecisiete años más de matrimonio, siempre en el hogar, sin ninguna formación académica ni experiencia laboral formal.

Las mismas exigencias de la vida la llevaron a buscar un empleo donde conoció a otra persona que le ofreció un panorama distinto, se enamoró perdidamente al punto de dejar no solo al esposo, sino también a los hijos. Una experiencia bastante fuerte para todos. Sin embargo, tomó la decisión de rehacer su vida con esta nueva pareja, tuvo otra hija, formó un nuevo hogar, se dedicó por completo a ellos, continuó trabajando, obtuvo un título, pasó incluso por algunas complicaciones de salud, entre ellas, cáncer, de la que salió fortalecida.

No obstante, a los cincuenta y siete años, perdió al segundo de sus hijos, su único varón. Falleció en circunstancias bastante trágicas y le tocó vivir un proceso de duelo bastante intenso. Continuó su vida, pero dos años más tarde murió su madre. Volvió a pasar por un proceso de duelo muy complejo, pero aunado a esto debió enfrentarse además a una situación de divorcio. Con sesenta y dos años se encontró totalmente fuera de rumbo; sin el hijo, sin la madre, sin el esposo, y ahora se dio cuenta de que siempre vivió para atender a esta nueva familia que formó, ese esposo y esa hija a los que les dedicó su tiempo de forma abnegada. Nunca hubo un espacio para ella, por eso ahora siente un vacío enorme. No sabe en función de qué o para quiénes debe vivir.

Le ha tocado experimentar un proceso de duelo y de aceptación profundo ante estas nuevas realidades, pasar concienzudamente por cada una de las etapas de este proceso en relación a cada una de las circunstancias vividas: el hijo y la madre que murieron, el esposo que se fue, la hija que ya creció y tiene su propia familia; ahora le ha tocado verse de frente, encontrarse consigo misma, validarse ella primero que nada y por encima de cualquier otra persona.

Le tocó el tiempo ahora de evaluarse, de tener los pies firmes y saber hacia dónde quiere caminar. Primero, aceptándose, validando sus capacidades, consiguió un nuevo empleo, tiene ingresos propios, descubrió su pasión por la natación. Comenzando desde cero, encontró nuevos espacios, nuevas personas. Se dio cuenta de que es capaz de ser ella misma y no sentir culpa por ello, que hay un mundo más allá del que solía ver, que puede ser feliz si se lo propone.

No ha sido tarea fácil, han sido momentos de altas y bajas muy pronunciadas, pero logró anclar circunstancias en las que fue feliz y sueños que quería alcanzar, aún en proceso de recuperación emocional, pero por encima de todo, elevando cada día más su amor propio.

Consciente de que su historia quizás no es la primera y tampoco será la última, tiene claro que la meta y el camino que decida transitar es decisión solo de ella y que, a su alrededor, hay otras muchas historias, con menos o mayor intensidad y con resultados favorables y alentadores, porque sencillamente es mujer, capaz de luchar por aquello que se propone, con la firme convicción y pasión de salir adelante. A los sesenta y dos años le ha tocado perdonarse, reencontrarse y quererse de vuelta.

Si Aura y muchas mujeres más han podido lidiar con todas las experiencias que les ha tocado vivir, pues levántate, mírate en el espejo y ten la conciencia de que también podrás.

¡Quiérete, valórate y sigue adelante!

CAPÍTULO 5
PLANIFICAR

*Los dos guerreros
más poderosos
son la paciencia
y el tiempo.*

León Tolstoi

EL VALOR DEL TIEMPO

Para comenzar, quiero compartir contigo una parábola que en algún momento he leído, al parecer no tiene autor conocido, pero el mensaje es hermoso:

Había una vez una isla, en la que vivían todos los sentimientos y valores del hombre: el buen humor, la tristeza, la sabiduría, el orgullo, incluso el Amor. Un día, se anunció a los sentimientos que la isla estaba a punto de hundirse. Entonces, todos prepararon sus barcos y partieron.

Solo el Amor se quedó esperando hasta el último momento. Cuando la isla estaba ya a punto de hundirse, el Amor decidió pedir ayuda. La Riqueza pasó cerca del Amor en una barca lujosísima.

—Riqueza, ¿me puedes llevar contigo? —preguntó el Amor.

—No puedo, porque llevo mucho oro y plata y no hay sitio para ti.

Entonces el Amor decidió pedir ayuda al Orgullo, que pasaba a su lado en una magnífica barca.

—No puedo llevarte, Amor. Aquí todo es perfecto. Podrías arruinar mi barca.

La Tristeza, por su parte, respondió también negativamente, pues estaba tan triste que quería estar sola. Luego, el Buen Humor pasó frente al Amor, pero estaba tan alegre que ni siquiera escuchó su llamada. De pronto, una voz dijo:

—Ven, Amor, yo te llevaré.

Era un viejo quien lo había llamado. El Amor se sintió tan contento que se olvidó de preguntar su nombre al viejo. Cuando llegó a tierra firme, el viejo se bajó y se fue. El Amor se dio cuenta de cuánto le debía y le preguntó al Saber quién le había ayudado.

—Ha sido el Tiempo.

—¿El Tiempo? ¿Y por qué será que el Tiempo me ha ayudado?

Y el Saber lleno de sabiduría, respondió:

—Porque solo el tiempo es capaz de comprender lo importante que el Amor es en la vida.

Y en este particular, el amor más importante es el que te tienes a ti misma. Esa aceptación, valoración de la que hemos hablado, a pesar de todo lo que quizás has tenido que pasar a través del tiempo, es lo que te permite descubrir que no existe amor más importante a cultivar que ese que puedes ofrecerte.

El tiempo es vida y también felicidad. Esto lo hace nuestro bien más valioso. Por ello, debemos emplearlo con sabiduría. Todos en algún momento hemos pecado de darlo por hecho. Cuando somos jóvenes, el valor del tiempo pasa por no planificar casi nada, vivimos la vida como nos vaya llegando, sin pensar a futuro.

Es por esto que la acción de planificar, aunque parezca que ejerce presión, es, en realidad, plantearnos objetivos, trazar el curso y cumplirlos. Es este un proceso cíclico. Nos dará una sensación de bienestar y plenitud todo lo que está relacionado con planificar el cumplimiento de nuestras metas, ofrece sensaciones positivas y gratificantes.

Esto es la vida misma. Analiza que desde que te levantas, mientras te aseas o preparas el desayuno, estás pensando qué hacer durante el día, las comidas, lo que hace falta, la pareja , los hijos con las tareas, el trabajo, los estudios, la familia. En fin, podríamos decir, incluso, que es una virtud casi intrínseca de nosotras como mujeres.

Aunque, lamentablemente, en la vida como tal, ningún proceso formativo nos educa para la planificación de manera formal, es importante saber que los padres, enseñando desde el ejemplo, hablando de lo que están haciendo, planteándose objetivos, bien sean diarios, semanales, mensuales o de vida, enseñan a sus hijos desde lo práctico el valor de la planificación.

Otro ejemplo que puedo darte, es lo que realizamos los que somos deportistas de alto rendimiento competitivo. Todo forma parte de una planificación, una estrategia, desde cualquier deporte que se ponga en práctica, allí desarrollamos la constancia, el compromiso, el entrenamiento solitario, la determinación de la lucha diaria, para alcanzar la meta que nos hemos propuesto. Debe planificarse todo y cada detalle, para poder tener éxito. Este proceso es una metáfora que se traslada a la vida cotidiana.

Ahora bien, ya te he explicado la importancia del proceso de planificar, pero te puedes estar preguntando: ¿cómo lo pongo en práctica?

Debo señalar que parto de la convicción que mucho de nuestro aprendizaje y nuestro bagaje en cuanto a este tema parte de nuestra memoria celular. Como ya lo hemos conversado, basta con echar una mirada a los logros de nuestros abuelos, nuestros padres, nuestros antepasados. Ellos han hecho lo posible, lo inimaginable y lo imposible para alcanzar los objetivos propuestos. Abandonarse, bajarse del caballo o rendirse nunca se consideraba una opción. Nos han mostrado con su camino que planificar fue parte de su éxito.

Ahora te presento de manera formal los elementos que debes tener en cuenta al momento de planificar:

El diagnóstico: en este punto, ya tienes el camino que has avanzado, ya tienes claro lo que has pasado, has aceptado y validado. Ya tienes conciencia plena del aquí y ahora. En este momento te puedes preguntar: ¿qué tengo? Es como cuando vas a revisar el auto y sale el mecánico a decirte: "mire, luego de revisarlo, tiene malo el motor, la caja; está bueno el radiador, los ejes, pero si no arregla lo que le he indicado, obviamente no va a andar". Es decir, te ofrece un paneo de todo aquello que debes mejorar. Valga la comparación, es ponerte en claro que tienes fortalezas y debilidades.

Los objetivos: en este caso vale preguntarte con visión macro: ¿a dónde quiero llegar? Es esa meta máxima, ese objetivo final, al que aspiras llegar: quiero graduarme de..., llegar a correr 10k, conseguir el empleo tal, montar este negocio. En fin, es lanzar la vista y mirar a la cima de la montaña. Pero, por otra parte, vamos a plantearnos, cuáles serán esos objetivos más pequeños, los que nos permitirán llegar a esa meta. Obviamente, si ves una escalera alta para llegar al último piso te vas a cansar solo al observarla y no vas a querer comenzar, pero si comienzas a subir escalón por escalón, seguro, cuando menos lo pienses estarás más cerca de la meta de lo que esperabas. Es dividir lo macro, en microprocesos: "*baby steps*".

Las estrategias: ahora bien, para dar esos pasos pequeños debes diseñarte las estrategias. Pregúntate el cómo, que es lo que tendrás que hacer en cada pequeño objetivo para alcanzarlo. Será subir de dos en dos los escalones, será correr cinco y parar para descansar, siguiendo el ejemplo de las escaleras. En fin, debes pensar la forma más idónea y creativa para dar esos pequeños pasos, que no te dejen a mitad de camino, que te mantengan motivada. Y el diseño lo vas a hacer, siendo completamente fiel a tu personalidad, a TUS capacidades y dejar las comparaciones con otras personas de lado, si van más rápido o más lento, si lo logran antes que tú, si sonríen o están serios, nada de eso te debe importar. Este es TU proyecto personal y TU tiempo.

Los recursos: en este caso, cabe la pregunta de con qué cuento. Esto incluye una visión personal, teniendo en cuenta tus fortalezas y debilidades, pueden ser recursos externos, bien sean tangibles, como los económicos, las infraestructuras, e intangibles como la paciencia, la constancia, la tolerancia, la resistencia al fracaso cuando ciertas cosas no salen como uno desea, la adaptabilidad y la flexibilidad. Y, también, los recursos humanos, la familia, los amigos, los profesores, los colegas, compañeros de trabajo. Según tus objetivos evaluarás cuáles serán los recursos que te permitirán ser más efectiva, eficiente y eficaz.

El tiempo: aunque parezca algo intrínseco dentro de tu planificación es necesario establecer los tiempos, porque como ya dijimos, es preciso aprovechar cada minuto. Así, al igual que el anterior, en función de los objetivos estableceremos acciones a corto, mediano y largo plazo. Esto nos permitirá ser concretas en función de la meta que queremos alcanzar.

La evaluación: este es un proceso constante, ya que debemos estar revisando y revaluando cómo vamos, qué nos falta, qué recursos incorporamos, si fue efectiva la estrategia o debemos cambiarla. Es cíclico, debemos ser disciplinadas al momento de evaluar. Esto minimizará los errores que se puedan cometer, nos dará la posibilidad de corregir el curso y siempre nos ayudará a optimizar el tiempo.

El plan de acción: debemos escribirlo. Al estar escrito, el plan de acción te permitirá ser más concreta al visualizar el panorama en toda su extensión. Puedes hacerlo cómo y dónde quieras. Date el placer de ser creativa, de verlo bello para ti misma, que la simple acción de verlo sea una motivación más para seguir adelante. Es de ti para ti, que sea tu mejor regalo. Debes ponerle fecha de inicio y fecha de cumplimiento, al menos una fecha tentativa y pensar en ser flexible al respecto, y, a la vez, muy disciplinada.

La visualización: en este caso, puedes hacerlo de muchas maneras. Primero que nada, en tu mente. Puedes utilizar la técnica del anclaje que ya hemos conversado, dejando estática esa imagen de éxito y colocarla con la mayor definición en la pantalla de tu cerebro; puedes hacerlo de forma física, en una cartelera, en una pared personal. Por ejemplo, si tu meta es graduarte, coloca una foto tuya sonriente y feliz, le colocas toga, birrete, el logo de la universidad donde te graduarás; si es el empleo soñado, igualmente busca el logo de la empresa, recorta tu foto en la imagen de tu posible oficina; si es un nuevo hogar, pues, busca una imagen de cómo lo quisieras y coloca tu fotografía en él. Es decir, visualiza. Eres lo que creas y lo que crees. Esto te permitirá tenerte enfocada, cómo te ves, en cuánto tiempo te ves así, conéctate con esa emoción de alegría, de felicidad, de orgullo, siente que cada vez que observas esa imagen llegan a ti ese torbellino de agradables emociones. Este es tu *vision board.*

Además de estos elementos que te he presentado debes tener en cuenta las siguientes premisas:

- Sé constante, recuerda que todo nuevo hábito tarda aproximadamente veintiún (21) días en instalarse, ubica tiempo y lugar para realizar tu proceso de planificación. Debes ser muy constante. Es un día a día.
- Planificar es un acto de amor. Como te dije, primero que nada, lo es contigo misma, porque en la medida en que te quieras, te valores y te proyectes en esa misma medida te verá y responderá tu entorno.
- No lo veas como un trabajo. Por el contrario, planificar debe ser un momento de conexión con el anhelo, con la ilusión de lo que se quiere alcanzar, pero también de la realidad, el contacto con el aquí y el ahora en función de tus objetivos.

- Hay valores que siempre deben estar presentes, como la paciencia, la constancia, tolerancia, aceptación; todos aquellos que te conecten desde tu propio esquema con el rumbo tomado.
- Establece un anclaje motivacional. Puede ser con una persona, con un lugar, una imagen, un olor, cualquier aspecto que te vuelva al camino cuando sientas que has perdido el rumbo. Quizás encuentres obstáculos en el camino. Nos ha pasado y pasa a todos, hay que seguir adelante, eres fuerte y empoderada. Busca aquello que te haga sentir mejor. He escuchado personas que en esos momentos se ponen a leer en las redes acerca de quienes han alcanzado un logro similar y cómo lo lograron. Tu historia quizás sea semejante a otras. Hay otras experiencias, tú decides qué puedes tomar de ellas.
- Todo en la vida es un aprendizaje. En cada experiencia, en cada momento, siempre hay un aprendizaje. Sea agradable o desagradable, siempre hay algo que aprender. En ese momento de evaluación, siéntate un rato, fuera de la experiencia, aléjate de lo que puedas estar sintiendo y pregúntate siempre: ¿qué debo aprender de esto? Nunca desde la victimización, la tristeza o el abatimiento; por el contrario, cómo puede fortalecerme esto que me está pasando.
- La planificación también debe ser flexible, porque tiene que ver con las emociones, con las circunstancias, con las personas y, lamentablemente, nada es lineal.

Existen los imprevistos, como en todo. Al mirar tu propia planificación sabrás con qué recursos cuentas para salir adelante. A veces, es necesario hacer pequeñas o grandes modificaciones en el plan original para que los resultados sean los anhelados. Por otra parte, entender que la planificación debe ser flexible, te ayudará a combatir posibles momentos de frustración.

- Debes planificar, en vez de que otro lo haga por ti. Esto significa que entrarás en los planes de otros, serás el recurso en las estrategias de otros y puedes correr el riesgo de vivir la vida de otros y no la tuya. Nuestra idea es tener completo control de TU vida y tus proyectos.

- Cuando ya tienes diseñados tus objetivos, debes hacerte de una mira láser. Para ello debes siempre apuntar, con precisión, sin distracción. Reconoce los elementos que puedan ser potenciales distracciones y aléjalos, pueden ser personas, situaciones, circunstancias, que quieran hacerte perder ese norte, pero si tienes la mirada puesta en la meta con seguridad y firmeza, tú tienes el control. Como los caballos de carrera cuando les colocan unas gríngolas al lado de los ojos para que no se distraigan con lo que ven a su alrededor y se mantengan firmes en la meta final, así debe ser tu camino cuando emprendes hacia el éxito.

- Cuando planificas no hay cabida para los "HUBIESE", es decir, no hay supuestos. Si me hubiese inscrito en la universidad, si le hubiese dicho, si hubiese ido, si la hubiese comprado, lamentablemente planificamos el presente y el futuro, el pasado solo queda dejarlo atrás y aceptarlo como ocurrió. Por eso es una reflexión importante comprender que el momento es aquí y ahora. Sonará como frase cliché, pero no se puede volver el tiempo atrás, ni vivir en el pasado, solo queda ver hacia adelante y ser consciente de lo que SÍ puedes transformar.

- No hay fórmulas mágicas, no existe un patrón específico, cada experiencia es única, cada persona es irrepetible e inigualable. Recuerda que tú y solo tú eres dueña de tu plan. Sabes dónde quieres llegar, no te permitas autosaboteos, o intromisiones externas, permitir la intromisión de algo o alguien externo es una forma de autosaboteo, solo una es la responsable.

- Eres la DISEÑADORA de tu propio destino. Planificar te permitirá desarrollar la creatividad en todo el sentido de la palabra, hasta en las situaciones más "insignificantes", tendrás la capacidad de recalcular y replanificar, para ser altamente efectiva, eficiente y eficaz.

- Realiza afirmaciones, mantras. Constantemente, a esas pequeñas frases que programarán tu cerebro para el éxito, colócalas de forma estratégica en todos los lugares posibles, en la computadora, en la nevera, al lado de la cama, en el escritorio, hasta en el baño, porque cepillándote la puedes ver. Esta será una excelente estrategia motivacional.

- Cuando sientas alguna desconexión o interferencia en el plano físico, mental y/o emocional, equilíbrate, vuelve a tu foco, reconoce lo que te hizo salir del rumbo fijado para no volver a caer y sigue adelante, vuelve a tu centro.

Finalmente, en relación a este aspecto, te puedo decir, que a mis sesenta y dos, miro mi vida entera y agradezco cada momento planificado, con sus momentos dulces y sus momentos amargos, con sus altas y sus bajas, con sus alegrías y sus tristezas, porque cada momento ha sido mágico y todos me han llevado a ser quien soy hoy día. He planificado mi carrera, mis relaciones personales, mis estudios, mis deportes. He aprendido a aceptar los imprevistos, tengo muy claras mis herramientas y eso es lo que quiero decirte y afirmarte , eres valiosa, por el gran hecho de ser mujer.

ADAPTARNOS A LA NUEVA ERA

Un enunciado que parece fácil, con cuánta ligereza escuchamos constantemente ¡es que debes adaptarte!, como un mandato, como si fueras un simple Houdini que te toca entrar en un cajoncito encadenada; pero, cuando vamos al sentido real de la palabra adaptación, implica modificación, acomodarse o ajustarse a un lugar, una situación o personas distintas a las habituales, lo cual implica una carga emocional y cognitiva.

Por ende, dado que somos seres únicos e irrepetibles, cada proceso de adaptación es variable, como se planteaba anteriormente, no es lineal ni objetivo. Por el contrario, reina la subjetividad de la emocionalidad. Entonces, nos adaptamos a esta nueva era de globalización, de tecnología, de redes sociales, cambios climáticos, pandemia. Es necesario aceptar que no hay otro camino, no hay otro planeta, ni otra realidad, tampoco podemos envolvernos o meternos en un cápsula de cristal. Toca, realmente, acoplarse a este nuevo escenario.

Cuando haces de la planificación parte de tu quehacer diario, diagnosticas las circunstancias, evalúas tus herramientas y emprendes un plan de acción que se adapte a esa nueva realidad.

Quisiera compartir la experiencia de Carolina, ella es una joven de 38 años, profesional, maestra, que dada la situación de pandemia, inteligentemente decidió adaptarse a la herramienta que más uso tenía para el momento, las redes sociales y el Internet. Así, se hizo de estrategias, videos virtuales, todo muy creativo, aunque no desde una planificación formal de lo que quería hacer realmente ni a dónde quería llegar con esta nueva proyección, lo que la llevó de forma acelerada a procesos de éxitos, tener una independencia económica, lo que anteriormente no tenía, sentirse realmente empoderada, exitosa y motivada.

Sin embargo, en el camino, conoció a un joven, quien al principio la apoyó y acompañó, pero en la medida que el tiempo fue pasando, obviamente, al darse cuenta de que tenía a su lado una mujer tan exitosa y decidida, comenzó a mellar en su autoestima, en sus capacidades, quizás como una forma de aminorarla. Carolina, al no contar con un plan claro de su emprendimiento, comenzó a desfallecer. Poco a poco, empezó a perder los clientes que la seguían, dejó de tener la responsabilidad y la constancia necesarias para mantener el emprendimiento a flote, así que cada vez, fue perdiendo más, tanto en lo personal como en lo económico. Mantuvo la relación tóxica que la acompañaba, junto con todas las penurias y la carga emocional negativa que conllevaba, comenzó incluso a ganar peso, situaciones en conjunto que la llevaron a buscar mi apoyo como especialista, psicóloga y *life coach*.

Obviamente, recoger cada pedazo en lo que se había convertido, exigió sesiones y técnicas específicas, para rescatar primero que nada su autoestima, su autovaloración y su amor propio —que es desde donde todo debe partir—, retomar el valor de sus habilidades y capacidades, aplicar anclajes poderosos en relación a esos momentos en que fue empoderada y exitosa, a fin de marcar un rumbo fijo, comenzar a establecer realmente un plan, desde todos los ámbitos, tanto emocional, profesional, económico; se dejó llevar, aceptó cada uno de los pasos del acompañamiento y, poco a poco, fue restaurando las facetas necesarias en su vida. Obviamente, uno de los más complejos fue llevarla a la autodeterminación de cortar con esta relación abusiva.

Logramos restaurar el negocio, está de vuelta, planificamos, tuvo una respuesta positiva por parte de los beneficiarios de su propuesta formativa, al punto de plantearse la incorporación de otras de sus colegas; es decir, retomó su camino, pero ahora con una base firme, fortalecida, clara y enfocada.

Este caso es una muestra de lo importante de planificar cada aspecto de nuestra vida, como te esbozaba, dejas de vivir tu vida para comenzar a vivir por y para otros. Carolina contaba con todas las herramientas, siempre estuvieron allí, solo que se dejó llevar por quien la alejó del camino al éxito, una casa sin bases que ante cualquier brisa puede caerse.

Lamentablemente, no hay hubieses, no hay forma de volver al pasado, pero sí hay una nueva manera de escribir el futuro, ahora con más aprendizajes, adquiridos de una forma dura pero que ahora la hacen mucho más fuerte. Esta es nuestra realidad, nuestra cotidianidad, cuando no nos han implantado desde el hogar el hábito de la planificación. Por eso es un llamado a que tomes este camino, te darás cuanta de la sensación tan gratificante que puedes llegar a experimentar cuando llegas a la meta, cuando alcanzas el logro, deja de ser un anhelo para convertirse en realidad. Ver hacia atrás todos los escalones que te tocó subir, con perseverancia, constancia y disciplina, hacen de esos momentos los más hermosos de la vida. Sigue adelante, eres una mujer capaz, haz de tus herramientas las mejores aliadas para hacer, cumplir y lograr esos objetivos. ¡El camino al éxito te espera, planifícalo, vívelo y disfrútalo!

CAPÍTULO 6

DE
VUELTA
AL MAPA

*Aquel que tiene
un porqué para vivir
se puede enfrentar
a todos los "comos".*

Friedrich Nietzsche

Luego de haber cumplido con las etapas presentadas en los capítulos anteriores, en los cuales lograste reconocer y validar tus sentimientos y te aceptaste en función de tus emociones, seguro estás más consciente de tus fortalezas y debilidades, descubriste y reafirmaste cada una de tus identidades, ahora toca poner en práctica un plan que te permita recuperar tu verdad.

Te invito a reflexionar sobre cuántas veces vas en el auto, con un rumbo definido y, de repente, te desorientas, te sientes perdida, ves a los lados y no sientes estar en el camino, ¿qué haces cuándo eso sucede? Sencillo, buscas el mapa, te tomas unos minutos, lo observas bien, te ubicas donde te encuentras físicamente, buscas puntos de referencia, preguntas a las personas más cercanas, que posiblemente han transitado ese camino y lo pueden conocer mucho más, hasta que, por fin, logras situarte y trazas una ruta, vuelves nuevamente al camino.

Igualmente, si te vas de viaje, por ejemplo. Preparas el viaje con antelación, buscas la maleta y comienzas a colocar aquello que piensas pueda hacerte falta, también te das cuenta de que quizás no tienes todos los implementos necesarios, haces entonces un análisis de lo que tienes y lo que no; si es algún lugar desconocido muchas veces puedes contratar un guía, ese experto que te orientará durante todo el camino, porque ya lo conoce, ya lo ha transitado y se ha preparado constantemente para cruzarlo.

Pues bien, precisamente, a esto es a lo que quiero llevarte a través de este capítulo. Tener esa visión general desde tus emociones, en el aquí y el ahora, porque puede ser que quizás te sientas un poco desorientada. Sé que debes tener un sinfín de preguntas, ¿qué hago ahora?, ¿a dónde debo ir?, ¿cómo lo logro?, ¿quién o quiénes me pueden ayudar? Para eso estoy aquí. Seré tu guía. Puedes contar conmigo. Ten por seguro que he caminado esta senda con muchas personas, y, en mi propia vida. ¡Iremos poco a poco, hasta lograr lo prometido!

El primer paso necesario para ubicarte en el mapa es la *REORIENTACIÓN EMOCIONAL*. Si analizamos, podemos entender la palabra "orientar" como la dirección que llevamos hacia algo, es decir, es necesario en nuestro mapa reorientar el camino que queremos transitar para que nuestras emociones se alineen lo más posible con la meta a la que queremos llegar. Algunas veces podemos perder el camino emocional, nos dejamos llevar por sentimientos de ira, tristeza, frustración, pero es en ese momento que debemos tener la conciencia necesaria para reorientar nuestras emociones. Dejar de ver el vaso medio vacío y comenzar a verlo medio lleno, dejar de preguntarnos por qué a mí, y reorientar la pregunta: ¿qué debo aprender de esto?

Esto te servirá para diluir hábitos aprendidos, redescubrir y ejercitar nuevas capacidades que te permitirán ser más objetiva, beneficiarte más de tus circunstancias y sentirte mejor.

Las expectativas a las que nos afrontamos día a día, los juicios que generamos de nosotros mismos y de los demás o la generación automática del miedo, bien sea a perder, a

exponernos, a no ser suficientes, al futuro, al dolor, al fracaso, conforman los patrones inconscientes que nos limitan.
Todo esto hace que nuestro sistema de creencias convierta
los medios —que podemos tener a nuestro favor— en limitaciones. Por ello, es necesario reorientarnos emocionalmente, identificar nuestras autolimitaciones, ese autosaboteo,
que puede estar limitando nuestros sueños y retrasando
nuestro avance en el mapa propuesto.

Estas creencias limitantes, como lo hemos conversado
anteriormente, se pudieron plantar en nuestro inconsciente durante la formación de nuestra identidad, bien sea por
factores externos o internos, incluso pudimos asociarlas a
una emoción. Por ejemplo, podemos encontrar esa mujer
hermosa que los externos valoran, pero internamente no
nos consideramos de esa manera, esta emoción comienza
a solidificarse en el pensamiento tomando control y no solo
sentimos que no podemos, sino que actuamos sin poder.

Esa creencia plantada es tan poderosa que muchas veces necesita el acompañamiento de un profesional, quien
tendrá que entrar en la mente de esta persona y encontrar
el momento donde ese suceso marcó un anclaje negativo,
asociado a una emoción; como lo plantea la programación
neurolingüística, aprender a desaprender, que aunque ex-
traño o contradictorio encierra en sí misma la clave para la
reorientación emocional que estamos buscando, es decir,
dejar atrás todos aquellos pensamientos aprendidos que
de una forma u otra nos hacen sentir inseguros, temerosos,
incapaces, entre otros sentimientos. Cualquier pensamien-

to o sentimiento limitante que inhibe nuestros procesos de libertad y crecimiento, implica procesos de valentía, convicción y constancia. Tengamos siempre claro que nuestro pasado no nos define, tenemos en nuestras manos la posibilidad de cambiar todos esos esquemas negativos.

Te cuento que hace aproximadamente dieciséis años, ya establecida en Estados Unidos, atendí a una joven llamada Anaís; simpática, agradable, pero desde los primeros encuentros detecté una situación particular ya que su madre siempre la acompañaba a las sesiones. Al establecer conversación privada con ella, me llamó la atención los comentarios recurrentes de esta madre hacia su hija, hacían referencia de que su hija no llegaría a nada, que era tonta, no tenía inteligencia y que aunque reconocía que era simpática, que tenía un cuerpo bárbaro, no la visualizaba estudiando.

Obviamente nunca permití que lo verbalizara delante de su hija, pero era claro que no solo con el verbo, sino con la acción implantaba constantemente estos pensamientos y sentimientos negativos en la joven; indagando la raíz de la situación descubrí que esta madre era la única hija de cinco hermanos por lo que se dedicó siempre a las labores del hogar, nunca estudió, se quedó siempre en casa, pasó del hogar de sus padres al suyo propio con las mismas funciones, es decir, nunca conoció otra realidad, se sentía minimizada, sin realización personal.

Esta situación de frustración e incluso de ira, era lo que extrapolaba constantemente en la hija desde sus creencias, patrón de valores, sistema de identidad, lo que se desarrollaba de forma consciente e inconsciente. Este escenario me llevó años de trabajo con Anaís. Identificada la causa, comencé un proceso de acompañamiento asertivo que la llevó incluso a graduarse en la universidad como trabajadora social y ser una profesional exitosa. No obstante, a pesar de los logros alcanzados, te cuento que la madre continuó desacreditando estos logros. Manifestó incluso que no sabía cómo su hija había llegado a tanto. Hoy en día, de vez en cuando, nos comunicamos y ponemos en práctica algunas estrategias. Aprendió a reorientarse rompiendo esquemas implantados. Es este un caso claro de la forma en cómo pueden generarse en la persona patrones de autolimitación.

Por ello, te hacía mención de los logros de la programación neurolinguistica. En este enfoque, la forma de cambiar este sistema de creencias es netamente conductista. Trata de llevar la razón por encima de la emoción, desaprender estos mandatos asociados a emociones y creencias negativas, para aprender a usar el cerebro y lograr sentirse bien, sustituir esos viejas ideas implantadas o esquemas por nuevos recursos cognitivos y emocionales.

Ciertamente, ya que cada uno de nosotros es un ser único e irrepetible, es necesario evaluar cuáles son las herramientas adecuadas en función de cada caso. Adentrarse en el pensamiento de la mujer para bucear en aguas profundas y encontrar esos procesos que son necesarios reorientar, desaprender para reaprender, esto requiere paciencia, amor, cuidado, delicadeza, un puño de acero en un guante de seda, porque las emociones no se pueden manejar de forma lineal. Requieren varios planos, varias dimensiones, un constante ir y venir.

DE VUELTA A MI MAPA PERSONAL

En este punto, ya lograste reconocer cuáles son tus fortalezas y debilidades, también conoces cómo reorientar ese proceso emocional. A continuación te ofrezco una serie de enunciados que te permitirán ubicarte personalmente en tu mapa. Cada vez que lo creas necesario, puedes plantearte nuevas rutas. Recuerda que se trata de un trabajo diario, producto de ese encuentro contigo misma.

Revisa lo siguiente:

- ¿Cuál de mis identidades se está viendo afectada? (Madre, hija, esposa, trabajadora, estudiante, relaciones sentimentales, amistades, en fin).
- ¿Qué fortalezas puedo incorporar o me ayudarán a reencontrarme?
- ¿Cuáles son esos nudos críticos o debilidades?
- ¿Puedo afrontarlos sola o necesito apoyo?
- ¿Cuáles son las circunstancias en las que constantemente me autosaboteo?
- ¿A qué meta aspiro llegar? ¿Cómo visualizo la situación ideal?

Establece una gran meta:

- Plantéate pequeños objetivos que te permitan ir paso a paso hacia la meta final.
- Haz de la disciplina y la autodeterminación tus mejores aliadas.
- Sé paciente y mantente enfocada en la meta.
- Identifica los momentos de debilidad y reoriéntate emocionalmente.
- Busca aliados, personas que te ayuden a motivarte y retomar tus fortalezas.
- Aléjate de personas negativas que puedan retrasar tu camino.
- Apela a todos los elementos fundamentales para lograr tus objetivos.
- Visualízate constantemente, te ayudará a mantenerte enfocada.
- Realiza actividades que te hagan sentir bien, leer, nadar, estudiar, bailar, deportes, gimnasio, tómate un tiempo para ti.

DE VUELTA AL MAPA DE LAS RELACIONES PERSONALES

En este particular pueden ser varios los panoramas, bien sea, por un divorcio, fallecimiento, migración, emancipación de los hijos, relaciones tóxicas, amistades posesivas. En fin, ante cualquier tipo de situación que conlleve el hecho de sentirte mal, de conectarte con emociones negativas en las que te sientas estancada, puedes plantearte volver al mapa, desde las siguientes premisas, no es necesario un orden específico, tampoco realizarlas todas. Como ya te indiqué, cada persona y situación es distinta. Lo que espero es llevarte a un proceso reflexivo que te permita identificar el camino que habías tomado, dónde perdiste el norte y cómo regresar al mapa adecuado, tampoco es una receta mágica, pero recuerda, eres lo que creas en tu mente. ¡Adelante!

- Reconoce la situación o persona que te conecta con emociones negativas (miedo, tristeza, dolor, impotencia, frustración, ira).
- Acepta aquello que no puedes cambiar porque ya es parte del pasado. Lo que pasó, así debía ser.
- Analiza el aquí y el ahora, identifica aquello que sí está en tus manos cambiar.
- Visualiza hacia dónde quieres llegar, cómo debería ser tu plan futuro, no desde la ansiedad de aquello de lo que no tienes certeza, sino desde la proyección.
- Reconoce tus limitaciones. Si es necesario buscar ayuda, ¡hazlo! Hay personas que se han preparado para estos temas y tienen las herramientas asertivas que te acompañarán en este proceso.
- También ubica tus fortalezas, por más pequeñas que creas pueden ser, tenlas siempre en cuenta. En algún momento las podrás utilizar.
- Establece objetivos claros, en tiempos precisos. Los tiempos son relevantes porque te permitirán avanzar de forma constante, sin prisa y sin pausa.

- Actúa. No te quedes en solo proyectar. Tus acciones deben ser concretas.
- Establece límites claros, contigo misma y con los demás. Sé consciente hasta dónde permites que las opiniones de otros te afecten o influyan en tus emociones o decisiones.
- Aprende a decir "NO" cuando sea necesario. Esto refuerza la premisa anterior, pero teniendo claro que no lo realizarás desde la culpa, sino desde la valoración contigo misma.
- Sé constante, perseverante, ármate de paciencia. Quizás el camino a recorrer no será fácil, ni tan rápido como quisieras. Todo es parte de un proceso. Vive cada momento, porque cada uno te dejará una enseñanza.
- Crece con la experiencia, la idea es encontrarte en un mapa fortalecida, consciente del camino a recorrer, segura de la meta que quieres alcanzar.

Como te planteaba inicialmente, esto no es una receta mágica, tampoco una camisa de fuerza, puedes quitar o poner, porque ahondar en el tema emocional y en las relaciones interpersonales implica una amplia gama de posibilidades. También es importante tener en cuenta que este es un proceso en el que solo tú tomas la decisión de emprender, continuar y culminar, incluso muchas veces hasta con ayuda de expertos en la materia.

Recuerda siempre que NO está en tus manos cambiar la realidad del otro, no será el esposo que dejará la amante y volverá, no serán los hijos que dejarán sus vidas, no será el novio abusador, no será la amiga celosa y posesiva, los que en algún momento cambiarán. Eres ¡TÚ!, y solo ¡TÚ!, la que tiene la posibilidad de cambiar la situación y aquello que te afecta. No es tarea fácil. Tienes incluso el permiso de caerte, pero también la obligación de levantarte, porque lo único que nadie podrá robarte nunca son tus sueños y las ganas de alcanzarlos.

DE VUELTA AL MAPA DE LAS RELACIONES LABORALES

En este ámbito, las variables también pueden ser diversas. Puede ser el hecho de que no te asignen en tu trabajo altos niveles de responsabilidad por no creerte capaz debido a la edad o a la agilidad para desarrollarlos, puede que sea por un despido, porque fuiste tú quien ya no se sintió identificada con la misión o visión organizacional, porque aspiras a un cambio de ramo o de nivel... En fin, como planteábamos anteriormente, en este caso buscamos cómo será la forma de volver a ese mapa laboral, donde el principal interés es que te sientas a gusto, identificada, valorada y, además, sumamente motivada.

En cualquiera de los casos anteriores, el momento es aquí y ahora, y toca revisar algunos aspectos puntuales, como por ejemplo:

- ¿Me siento conforme con lo que estoy haciendo?
- ¿Me siento motivada?
- ¿Son mis ideales y valores similares con los establecidos en la estructura organizacional en la que me encuentro?
- ¿Qué puedo hacer para cambiar esta realidad?
- ¿Puedo plantear aspectos a mejorar?
- De no ser escuchada, ¿qué decisión debo tomar?
- ¿Puedo mantenerme en este ramo o puedo incursionar en algo que me apasione aún más?
- ¿Qué debo hacer?
- ¿En cuánto tiempo podré hacerlo?
- ¿Quiénes pueden ayudarme?

Plantearte estas interrogantes puede llevarte a tomar varias decisiones, desde proponer, con fundamentos, cambios estructurales en la organización a la que perteneces o tomar un rumbo distinto al que te encuentras, bien sea desde el mismo ramo o incursionar en otros.

En cualquiera de los casos, implica:

- Un plan de preparación profesional.
- Establecer tiempos a corto, mediano y largo plazo.
- Plantear objetivos y metas claras.
- Aprovechar las fortalezas y modificar las debilidades.
- Trabajar en los posibles aspectos a mejorar.
- Actualizarte en función de las necesidades tecnológicas laborales actuales.

Es necesario poner en claro la situación mundial actual, muchas personas estaban laboralmente en su zona de confort y desde la realidad de pandemia se han afectado diversos panoramas, desde las empresas que han cerrado, las que han reducido su personal, las que han modificado el ramo, o las que han generado o se han adaptado a las nuevas maneras tecnológicas de producción. En cualquiera de los ámbitos planteados es necesario, ser competitiva, despertar ante este realidad y ponerse en marcha, actuar. Bajar los brazos y rendirse no es una opción.

Para reforzar el punto anterior, quiero compartir contigo la historia de María. Ella vive en un país de Suramérica, de joven se formó como secretaria y se inició en el mundo laboral, aún sin rumbo fijo. Esta capacitación le permitió obtener conocimiento de redacción, ortografía, caligrafía, relaciones interpersonales, entre otros. Luego de pasar por la capacitación, entró al mundo laboral como tal, con un horario y responsabilidades que cumplir. Sin embargo, no se sentía a gusto, aunque la compensación económica era rentable, la monotonía de sus funciones la hicieron sentirse agobiada, desmotivada. La realidad es que no logró la conexión necesaria con este ambiente.

También, evaluó su afinidad por los niños, así que tomó la decisión de formarse profesionalmente en esta área. A los veintitrés años ya se estaba graduando con honores como docente y fue una de las primeras de su grupo en conseguir una oferta laboral, nada despreciable. En esa escuela duró ocho años, logró identificarse con lo que estudió y con la dinámica diaria. Paralelamente, siguió formándose, llegando a tener cargos de mayor envergadura. No obstante, su pasión siempre fue compartir con los niños. Pasados los años, la remuneración económica fue mermando dada la realidad de su país, así que ya no solo era el trabajo en una escuela, sino en dos y hasta a nivel universitario. El ochenta por ciento, aproximadamente, de su tiempo era entregado a sus funciones laborales para poder tener cierta estabilidad económica. María sabía que ya era bastante lo que estaba dejando de lado: su familia, el acompañamiento a sus hijos, su propio tiempo y hasta su salud, pero era una realidad que no quería aceptar.

Llegó, lamentablemente, el tiempo de pandemia. Las escuelas cerraron, la universidad también. Logró reinventarse. Se adaptó a los requerimientos tecnológicos, pero igualmente no era lo que quería. Tanto por la parte económica, como por esa interacción constante y directa con los niños, muy a su pesar, tomó la decisión radical de renunciar a cada una de sus funciones, en contra de los esquemas formados por las personas de su entorno en cuanto a la estabilidad laboral o la posible jubilación. Fue una decisión emocionalmente dura, los sentimientos negativos no se hicieron esperar, llegó la nostalgia, la tristeza, la impotencia, a pesar de toda la formación que tenía, la experiencia en años de práctica profesional, el reconocimiento de alumnos, representantes y colegas, se dejó llevar por la depresión.

Se encontró de frente con una realidad que no quería aceptar desde hace algún tiempo y fue a través de la pandemia, cómo volvió a su mapa laboral. No había más camino que escoger. Salir adelante como fuese, era la única opción. Así, en medio de ese torbellino de emociones, acondicionó un espacio en su casa, logró a través de donaciones obtener el mobiliario necesario para hacer de ese lugar un pequeño salón de clases. En medio de la pandemia y con todas las medidas de bioseguridad, comenzó a atender de manera personalizada a algunos niños de su comunidad.

Manifiesta que fue una gran satisfacción personal tomar esa decisión, su esposo y sus hijos fueron también de gran ayuda para emprender ese proyecto. Hoy en día, María tiene su propio taller de reforzamiento pedagógico, retomó la interacción con los niños, percibe los ingresos acordes a sus necesidades, trabaja en un espacio desde su hogar, lo que le permite también ser apoyo tanto pedagógico como emocional para sus hijos. Es decir, en medio de esta dificultad logró una autonomía laboral que pudo haber tenido desde hace mucho tiempo, pero fue a través de esta circunstancia que descubrió un ámbito que la llena tanto en lo profesional como en lo personal. Sigue capacitándose, mantiene la calidad que desde siempre la caracterizó e incluso tiene ahora el tiempo de incursionar en otros ámbitos, ya que no solo se preocupa por las clases de sus niños, sino que se inició en el ámbito editorial, comenzó a escribir. Esta fue la forma como María volvió a su mapa laboral, atravesó por un carrusel de emociones, cayó, se reconoció y se levantó nuevamente, quizás con muchas más fortalezas de las que ya tenía.

María es una muestra de la realidad que muchas mujeres pudieron estar pasando, sentirse perdidas y reencontrarse, plantearse metas y tiempos concretos, subir y bajar emocionalmente como cualquiera, pero teniendo firme la meta que quería alcanzar, actuar, ponerse en marcha, porque, sencillamente, el cielo es el límite. La mujer *per se*, es empoderada, arriesgada, inteligente, capaz de enfrentar cualquier reto.

Sabemos muy bien, que todo lo que nos ocurre en la vida es por algo y para algo, que tenemos que estar siempre despabiladas, atentas, en positivo y con verdadera profundidad psicológica y emocional, listas para detectar y aprovechar oportunidades que se nos presentan. Cuando te sientas algo confundida, que se te complica diseñar tu propio mapa, lee nuevamente este capítulo, mírate hacia adentro y al espejo, y reconcíliate con esa mujer que eres, capaz de hacer todo aquello que se proponga. Tu fuerza y tu valor son ILIMITADOS ¡Éxitos!

¡TE QUIERO MUCHO!

CONCLUSIÓN

Este es un libro para tener siempre en tu mesita de luz... cada vez que te sientas abatida, que por alguna razón u otra te toque vivir esos que llamamos microduelos, acá encontrarás una y otra vez, los procesos necesarios para acompañarte. Esa es la idea, de una forma u otra estar allí, ser tu guía en ese transitar.

Cada proceso es distinto, cada situación diferente, pero seguramente en ese momento donde te sientas sin rumbo, te invito a reconocer y aceptar tu situación, tus emociones; recuerda siempre que afuera hay historias similares a la tuya, quizás con mayor o menor intensidad, que son muchas las mujeres aguerridas y luchadoras que están dando la cara para salir adelante y no dejarse caer, mira estas historias como ejemplos a seguir, tú también puedes, acepta siempre con sabiduría y firmeza tu realidad, aquello que no está en tus manos cambiar, ese es uno de los primeros pasos para avanzar al éxito.

Recuerda siempre en este transitar tener en cuenta las siguientes premisas: no te enjuicies, sé paciente, siempre ten la mente abierta ante todas las posibilidades. Evita luchar, deja que toda fluya, confía y acepta que seguramente todo pasará y encontrarás el camino para seguir adelante.

Siempre ten presente quién eres, de dónde vienes, tu identidad será la clave para recuperar la confianza, teniendo siempre en cuenta tus fortalezas y debilidades. Una autoestima fortalecida, te permitirá autovalorarte y en la medida que te quieras y te autovalores, las personas que te rodean te tratarán igual. Eres TÚ el amor más grande. Eres única e inigualable, mantén siempre presente los permisos y derechos que te das y los que entregas a otros, no tengas miedo a decir NO, cuando sea necesario, siempre las decisiones o acciones que realices deben ser aquellas que te lleven a un mayor camino de felicidad. No permitas que nada ni nadie trastoque tu estima, no dejes esa puerta abierta y si algo llegara a pasar, revisa, evalúa y reorienta nuevamente hacia el camino adecuado. ERES DUEÑA DE TUS EMOCIONES Y DECISIONES, ten esta premisa siempre contigo, en cada momento.

Para orientar ese nuevo camino y tomar decisiones, es necesario un proceso de planificación, recuerda que un camino bien planificado llevará al éxito seguro. Por ello, es importante hacer un buen diagnóstico. Tener claro con lo que cuentas, en el aquí y en el ahora, plantearte objetivos, esa meta final a la que quieres llegar y esos pequeños pasos que te llevarán a ella, con tiempos claros y precisos. Sé una gran estratega. Orienta ese camino siempre de forma efectiva y eficiente, plantéate siempre el cómo vas a llegar. Tener claro estos procesos te ayudará hasta en los posibles imprevistos, evalúa todos los recursos a tu favor y los que incluso debes incorporar, uno de los aspectos más importantes de este proceso de planificación son los tiempos. Recuerda que las metas que te propongas debes programarlas en un tiempo y espacio factibles. Recuerda que no todo será de una vez. Algunas cosas se realizarán en corto, mediano y largo plazo, pero este aspecto debe ser fundamental para no quedarte estancada.

Una herramienta clave, es el plan de acción. Te brindará siempre una visión general para la evaluación constante. Qué has hecho, qué te falta, cómo vas, qué mejorar, quitar o incorporar. Visualízate. Siempre ve más allá, no olvides que ERES LO QUE CREAS Y LO QUE CREES, porque sencillamente solo tú eres la DISEÑADORA de tu destino.

Todo este proceso, te permitirá entrar nuevamente a tu mapa, renovarte, tomar nuevamente el rumbo y saber que eres TÚ quien dirige el camino, reoriéntate emocionalmente. No te permitas saboteos internos o externos. Cada una de estas situaciones tienen una serie de premisas que te permitirán orientar el camino. Revísalas, léelas, adáptalas, mejóralas. La idea es que sepas cómo y hacia dónde caminar, reencontrarte con esa mujer que fue feliz en algún momento y que debe y necesita regresar a ese lugar maravilloso de autorrespeto y amor a sí misma. Aquí estaré para guiar tu camino. En estas líneas siempre estaré. No estás sola, caminemos y salgamos siempre adelante. Recuerda: ¡¡¡¡¡TÚ PUEDES, ESO TE LO ASEGURO!!!!

¡ÉXITOS!

UNA PARTE DE MÍ

Quiero compartir con ustedes algo superimportante en mi vida, y es el arte de mi padre, Santiago Szriftgiser, que fue un gran artista plástico de la corriente surrealista. Él fue discípulo de Juan Battle Planas.

Entre tantas exposiciones en galerías de arte que presentó, hay una en particular que debo destacar, es la de su participación como artista en el mural de entrada del gran Teatro San Martín en Buenos Aires, Argentina.

El cuadro que elegí para la tapa de mi libro es uno de los tantos de su colección. ¡Toda una vida en el arte!, y lo elegí justamente por la idea que proyecta de planos, dimensiones, ventanas y figuras que nos sugieren el pasado, el presente y el futuro y, por supuesto, lo dejo abierto a lo que te sugiera a ti. Porque, el arte es así.

En cuanto a nosotras, hermosas mujeres, me pone feliz de anunciarles que vamos por más, por más cambios positivos en nuestra vida, por más logros personales, vamos por la grandeza de los proyectos y a expandir horizontes por la salud mental y física, nuestro templo sagrado. Por aprender a cuidarnos y a querernos más, cada vez mejor y más enfocadas en nuestros objetivos de vida y deseos personales.

Mi próximo libro te va a inspirar a cuidarte mucho más y mejor, con un buen plan de acción, concreto y específico, especialmente para mujeres (quienes obviamente tenemos un sistema endocrino diferente al de los hombres), además, te voy a ofrecer mi experiencia como atleta con planes para entrenar desde una 5K hasta maratones, pasito a pasito, un pie adelante del otro.

Todas podemos entrenar y empezar a cualquier edad, es solo cuestión de proponérselo y arrancar. Es ley, ¡al verte bien, te sentís mejor!

Ojalá hayas disfrutado de este libro, puse mucho amor al escribirlo, y espero que te sirva de guía en momentos que necesites ideas, y también de inspiración.

¡Te respeto, te admiro y te quiero mucho, mujer!